"La fe fluye naturaln___ ___lo. Aunque la fe no surge de la mente, la mente renovada aumenta la fe como un estilo de vida. Es aquí donde entra en juego el libro *Una fe radical* de James Goll. En estas páginas, James aborda meticulosamente verdades que nos ayudan a alinear nuestro corazón y nuestra mente apropiadamente con el corazón de Dios: la verdadera fuente de toda fe. Jesús nos dijo que la verdad nos hará libres. En *Una fe radical* los lectores descubrirán la libertad de creer en Dios con todo su corazón. Les recomiendo este libro a nuevos creyentes así como a discípulos avezados por igual".

—BILL JOHNSON, LÍDER PRINCIPAL DE BETHEL CHURCH, REDDING, CALIFORNIA; AUTOR DE *CUANDO EL CIELO INVADE LA TIERRA* Y *CARA A CARA CON DIOS*

"James Goll es un hombre de la Palabra y un hombre del Espíritu. En su más reciente libro, su amor por la Palabra de Dios es evidente e inspirador. Si usted es un nuevo creyente este volumen lo guiará a través de los principios básicos de la fe recién descubierta y afirmará sus conocimientos para toda la vida. Si usted es un creyente maduro, ¡lea este libro como un recordatorio fresco de las verdades que aquilata!".

—JANE HANSEN HOYT, PRESIDENTA/DIRECTORA GENERAL, AGLOW INTERNATIONAL

"Este es un manual para asegurarnos de nuestro destino en el Reino de Dios. Aunque usted haya conocido a Jesús recientemente o tenga un largo legado en la fe, vale la pena seguir los importantes principios que aborda James Goll. Los campeones de cualquier campo necesitan un repaso de lo básico, con el fin de apuntalar las grietas de sus fundamentos. En este mismo espíritu, declaro categóricamente que este libro proporciona 'masilla' espiritual para el caminar cristiano. James Goll nos recuerda que no podemos dar por hecho nada en esta Tierra. ¡Asegurémonos de estar firmes!".

—HARRY R. JACKSON, PASTOR PRINCIPAL DE HOPE CHRISTIAN CHURCH (WASHINGTON, D.C.); FUNDADOR Y PRESIDENTE DE HIGH IMPACT LEADERSHIP COALITION

"Sin fe es imposible agradar a Dios. Sea discipulado por James Goll a través de las páginas de este destacado libro y sea equipado para tener un fundamento inquebrantable en Jesucristo. James ha ejemplificado una fe honorífica y vive lo que enseña. Que este libro lo anime tanto como a mí me ha impactado la vida de James".

—CHÉ AHN, PASTOR PRINCIPAL DE HROCK CHURCH, PASADENA, CALIFORNIA; RECTOR DE WAGNER LEADERSHIP INSTITUTE; PRESIDENTE DE HARVEST INTERNATIONAL MINISTRY

"*Una fe radical* de James Goll sobrepasa las expectativas del título. Este libro es una fuente útil para los creyentes, así como un fascinante catequismo personal basado en las ricas experiencias en la fe del autor. Lo recomiendo ampliamente".

—VINSON SYAN, DECANO EMÉRITO, REGENT UNIVERSITY SCHOOL OF DIVINITY

"James Goll posee una manera de reducir todos los principios importantes de nuestro gran sistema de creencias, a términos comprensibles, a conceptos inspiradores y a conclusiones aplicables. Me doy cuenta de que cualquiera puede examinar las preguntas y las respuestas, y meditar en estos puntos que muy a menudo damos por hecho".

—JACK TAYLOR, DIMENSION MINISTRIES; DEL PRÓLOGO DE LA GUÍA DE ESTUDIO DE *UNA FE RADICAL*

# UNA FE
# RADICAL

# UNA FE
# RADICAL

## JAMES W. GOLL

CASA
CREACIÓN

La mayoría de los productos de Casa Creación están disponibles a un precio con descuento en cantidades de mayoreo para promociones de ventas, ofertas especiales, levantar fondos y atender necesidades educativas. Para más información, escriba a Casa Creación, 600 Rinehart Road, Lake Mary, Florida, 32746; o llame al teléfono (407) 333-7117 en Estados Unidos.

*Una fe radical* por James W. Goll
Publicado por Casa Creación
Una compañía de Charisma Media
600 Rinehart Road
Lake Mary, Florida 32746
www.casacreacion.com

Traducido por: pica6.com (Danaé G. Sánchez Rivera y Salvador Eguiarte D.G.)
Director de arte: Bill Johnson

Library of Congress Control Number: 2012931967
ISBN: 978-1-61638-762-4
E-book: 978-1-61638-780-8

Visite la página web del autor: www.encountersnetwork.com

Impreso en los Estados Unidos de América
12 13 14 15 16 * 5 4 3 2 1

ESTE LIBRO ESTÁ dedicado a todos los creyentes que desean ser discípulos consagrados del Señor Jesucristo e igualmente anhelan ayudar a otros a ser discípulos. Basado en estos principios de la Escritura y en los principios elementales de Cristo, deseo que usted pueda construir un rascacielos para Jesús. Que este libro lo ancle al Señorío de Jesús, quien es no solamente su Salvador, sino también su Señor. Que Dios lo bendiga al leer y estudiar estas verdades, y al transmitírselas a otros en el nombre de Jesús.

"…echando otra vez el fundamento del arrepentimiento de obras muertas, de la fe en Dios, de la doctrina de bautismos, de la imposición de manos, de la resurrección de los muertos y del juicio eterno".

—Hebreos 6:1–2

# CONTENIDO

# PRÓLOGO

NUNCA OLVIDARÉ LA primera vez que prediqué para el ministerio de James Goll. Fue exactamente seis semanas después de mi cirugía a corazón abierto en el Centro Médico de la Universidad Vanderbilt. En la primera fila se encontraba mi cardiocirujano de clase mundial, probablemente deteniendo la respiración, ¡no fuera yo a fallecer! James me acercó una silla para que me sentara, la cual yo rechacé. Prediqué un sermón acerca del "Perdón total", basado en la vida de José (ver Génesis 37–50).

La respuesta a mi mensaje fue asombrosa. Diría que el ochenta por ciento del público se levantó para perdonar a todo aquel que los había herido o que había sido injusto con ellos. Entonces, se acercaron para recibir oración. Eso me dijo mucho acerca de los seguidores de James Goll, porque he visto que entre más espiritual es el grupo, más personas responden a ese mensaje en particular.

Pero aún hay más. Lo que acabo de describir, sucedió durante el tiempo de mayor sufrimiento de James. Su amada esposa, Michal Ann, recién había partido a la casa celestial. Como él lo narra en el libro que usted está a punto de leer, ni la muerte de su esposa ni el ataque de la enfermedad que él ha experimentado, han provocado que su fe se mueva siquiera un poco.

Cuando lo escuché hablar del fallecimiento de Michal Ann y de la manera en que Dios se acercó tanto a Él, me sentí privilegiado de conocer a este hombre. He conocido a James durante más tiempo del que lo he tenido como amigo. Él es un hombre que ama a Dios y que ha permanecido inamovible en las cosas del Espíritu Santo, en una nación que generalmente lo considera irrelevante.

James ha creado un libro que refleja su devoción personal a Jesús. Lo que más me impresiona es su amor por la Biblia y su convicción de que ningún cristiano puede separarse de la Palabra de Dios. En tiempos en los que muchos desean un alimento rápido (comida rápida como McDonald's o Kentucky Fried Chicken), James confronta al lector con el disparate de las vías cortas y de tomar la Palabra de Dios a la ligera. Para decirlo de otra manera, existen aquellos que utilizan la Biblia o la enseñanza solamente como una palabra *rhema*, es decir, una palabra de ciencia o de profecía, y nunca llegan a la raíz de su necesitad. De hecho, *raíces* es la palabra clave de este libro: James Goll enfatiza en llegar a la raíz personal antes de que pueda haber un crecimiento.

Este libro está entrelazado con la Santa Escritura y con un amor por los himnos antiguos. Se dice que los primeros metodistas aprendían la teología en sus himnos. James cita algunos de esos grandes himnos que hicieron de la fe cristiana lo que es ahora.

En sus manos sujeta un libro que exalta a Cristo y que vale la pena leer.

—R.T. KENDALL, EXMINISTRO DE LA WESTMINSTER CHAPEL, LONDRES

# AGRADECIMIENTOS

MI AGRADECIMIENTO VA para todos los maestros, pastores, líderes y mentores de mi vida que me han afirmado en la Palabra de Dios y en los caminos del Espíritu Santo. Un gran agradecimiento, primero que nada, al fallecido maestro de la Biblia, Derek Prince, cuyos materiales devoré en los primeros años de mi formación cristiana. Las huellas de Derek se encuentran en todo el libro.

Un especial agradecimiento va para Jim Croft, el fallecido Ernest J. Gruen, Mahesh Chavda, David Altschul, Geoff Buck, Mike Bickle y a muchos otros por andar conmigo a lo largo de los años, enseñándome, dirigiéndome y caminando a mi lado. Como pastores y líderes del Cuerpo de Cristo, su influencia ha dejado una huella en mi vida. ¡Gracias por darme, de manera que yo pueda darles a otros!

Un enorme agradecimiento para el fiel equipo que hizo posible este proyecto. Mi asistente de escritura, Kathy Deerong, me ha sido enviada por Dios durante los últimos años y ha contribuido maravillosamente en este proyecto. ¡Eres simplemente excelente y brillante!

Le agradezco al Señor por Chosen Books y por Jane Campbell, quien continúa creyendo e invirtiendo en mí. Tu integridad brilla intensamente. Timothy Beals ha sido un tremendo editor que trabajó conmigo en este proyecto y limó todas las asperezas. La junta directiva y el personal de Encounters Network ha sido una fuente constante de ánimo para mí. Nuestros guerreros de la red de oración y nuestros socios del ministerio constantemente sostienen mis brazos durante la redacción de cada proyecto. De hecho, son la fuerza invisible detrás de cámaras. Gracias a todos y a cada uno.

Con agradecimiento,<br>Dr. James W. Goll

# INTRODUCCIÓN

## En Jesucristo y nada más

CUANDO DECIDIMOS DISEÑAR o construir una casa necesitamos comprar los mejores materiales de construcción que podamos conseguir. Con una provisión tal, debemos comenzar por construir un fundamento firme. El cimiento es de suma importancia en la tarea. Sin un cimiento firme, usted se hundirá, y es posible que suceda literalmente.

Este principio de sentido común se aplica para casas de cualquier tamaño y forma y, por extensión, incluso a la "casa" más básica de todas: el cuerpo humano que acoge nuestro espíritu y nuestra alma. Dios desea ayudarnos a construir una vida cristiana estable y exitosa, que esté firmemente cimentada en Jesucristo. Él nos proporcionará todos los materiales de construcción, así como instrucciones detalladas de construcción y de mantenimiento. Debido a que le hemos dado la aprobación, Él mismo *es* el cimiento y Él se ocupará de que usted y cualquiera que llame su nombre, disfruten un éxito garantizado para la eternidad.

De cualquier manera, eso es lo ideal. Pero, incluso con todo lo que se nos ha puesto a disposición en relación con su provisión de construcción y su asesoría experta, ¿cómo podemos asegurarnos de haber elegido los mejores materiales para la edificación de los cimientos? ¿Qué si, cuando se hizo cristiano, alguien le dio gato por liebre? ¿Qué si su cimiento ha sido mal edificado? ¿Es muy tarde para reconstruirlo?

El escritor de la carta bíblica a los Hebreos nos dio una lista breve de los componentes para tener un fundamento firme, cuando escribió las palabras que he elegido como tema de las Escrituras para este estudio:

> Por tanto, dejando ya los rudimentos de la doctrina de Cristo, vamos adelante a la perfección; no echando otra vez el fundamento del arrepentimiento de obras muertas, de la fe en Dios, de la doctrina de bautismos, de la imposición de manos, de la resurrección de los muertos y del juicio eterno.
>
> —HEBREOS 6:1-2

El escritor asumió que los creyentes a quienes se dirigía eran lo suficientemente maduros para dejar atrás la discusión de principios tan elementales como estos. Bien por estos hebreos antiguos. Pero para la mayoría de nosotros, hacer una revisión produce beneficios tangibles.

Eso es lo que intento llevar a cabo en este libro *Una fe radical*. Aquí he sintetizado, con un abundante apoyo bíblico, los principios básicos de la fe cristiana. En esencia, este es un libro de estudio bíblico acerca de un tema: las bases perdurables de la fe que deben edificarse sobre el fundamento de todo cristiano maduro.

Para algunos, este libro será un simple repaso. Para otros, especialmente para aquellos que son nuevos en la fe o cuyo conocimiento de las verdades fundamentales ha sido deficiente o parcial, este les proporcionará una confirmación de la base de su nueva vida en Cristo. Para todos los creyentes, este estudio ampliado puede construir un marco para la vida cristiana, así como un bosquejo para enseñarles a otros.

De verdad espero que este libro que tiene en sus manos sea utilizado para hacer discípulos, no solo convertidos. Levantemos un poco más el estándar y establezcamos más firmemente el señorío fundamental de Jesucristo en nuestra vida. ¿Me acompaña?

Todos nosotros moramos en un ambiente hostil para nuestro puesto de avanzada en el Reino celestial y debemos luchar contra el enemigo, quien no desea nada más que debilitar nuestro fundamento. El rey David escribió: "Si fueren destruidos los fundamentos, ¿Qué ha de hacer el justo?" (Salmos 11:3). Para evitar la erosión, debemos renovar nuestra mente constantemente con la verdad de la Palabra de Dios, reforzando los apoyos, de manera que podamos continuar creciendo y llevando fruto para el Reino de Dios. El anteproyecto de Dios y su plan maestro para edificar la casa en nuestra vida están contenidos en la Biblia. Él mismo es el Arquitecto y el Constructor. En este libro, he proporcionado doce capítulos acerca de doce aspectos fundamentales distintos de la vida de un creyente.

Es posible que otros líderes deseen que hubiera cubierto más (o menos) temas con más (o menos) detalle. Pero siento que estos temas en particular, tomados a partir de ese versículo de Hebreos que cité previamente y a partir de otros versículos, cubre la mayor parte de los principios básicos. Debido a que he organizado este material y lo he revisado, he sido motivado a dedicarme de nuevo al excelente proceso de construcción del Maestro Constructor y confío en que lo mismo le sucederá a usted.

Salomón, el hijo de David, escribió: "Si Jehová no edificare la casa, en vano trabajan los que la edifican; si Jehová no guardare la ciudad, en vano vela la guardia" (Salmos 127:1). Que el Espíritu Santo lo guíe a través de este estudio y le ayude a establecer un fundamento que sea cada vez más firme, para la gloria de Jesucristo.

Debido a que siento un gran afecto por los himnos antiguos de la Iglesia, los cuales a menudo sintetizan los principios básicos de la fe en palabras bellas y memorables, he incluido un verso o dos de algunos de mis himnos favoritos al final de cada capítulo. Deseo que le sea posible leer un capítulo, cambiar su separador de posición y recorrer su dosis diaria con un corazón gozoso, tarareando "con salmos, con himnos y cánticos espirituales, cantando y alabando al Señor en vuestros corazones" (Efesios 5:19); mientras es renovado por las maravillosas verdades sobre las cuales ha edificado su vida.

En palabras de un himno antiguo: "Mi esperanza siempre

está en Jesucristo y nada más. [...] O Cristo fuerte Roca es, Toda otra tierra se hundirá".[1]

# 1

## EL FUNDAMENTO PARA TODOS LOS CREYENTES

HACE AÑOS, CUANDO mi fallecida esposa, Michal Ann y yo vivíamos en Lee's Summit, Missouri, construimos una casa. Empleamos contratistas para despejar la propiedad y cavar un hoyo gigantesco para levantar los cimientos. Ellos llevaron grandes camiones y montaron andamios. Los obreros colocaron vigas, vertieron concreto en el piso y reforzaron los muros de los cimientos. Después de que todo se colocara firmemente, palearon la tierra hacia los nuevos cimientos. Fue hasta entonces cuando colocaron la base de madera para el primer piso.

Mientras montaban y completaban el primero y el segundo pisos, el lugar me parecía tan alto como un rascacielos. Pronto, el sótano desapareció bajo la tierra y difícilmente se podían ver los cimientos. Pero, estos se habían colocado profunda y fuertemente, para que el resto de la casa pudiera construirse segura y correctamente.

En el mismo orden exacto, Dios hace que cada uno de nosotros nos convirtamos en los bloques vivos de construcción de su propia casa, la cual es la Iglesia de Jesucristo (ver 1 Pedro 2:5). Jesucristo mismo es la Roca Fuerte, el cimiento de nuestra nueva vida y nuestra nueva fe. Él es el sótano, el pedestal, las vigas y el concreto reforzado: nuestro cimiento. *Él* es nuestro cimiento, no una iglesia, no una denominación, no un conjunto de reglas o de ceremonias, ni siquiera un credo. Nuestra vida, tanto en lo individual como en lo grupal, están basadas en su realidad omnipresente. Él es la fuente de nuestra salvación y de nuestra fe.

En el lenguaje de la Biblia, vemos la vida de un creyente comparada con un edificio establecido sobre un cimiento firme. Observe, por ejemplo, los siguientes pasajes familiares:

> Porque nosotros somos colaboradores de Dios, y vosotros sois [...] edificio de Dios. Conforme a la gracia de Dios que me ha sido dada, yo como perito arquitecto puse el fundamento, y otro edifica encima; pero cada uno mire cómo sobreedifica.
>
> —1 CORINTIOS 3:9–10

> En quien vosotros también sois juntamente edificados para morada de Dios en el Espíritu.
>
> —EFESIOS 2:22

> Por tanto, de la manera que habéis recibido al Señor Jesucristo, andad en él; arraigados y sobreedificados en él, y confirmados en la fe, así como habéis sido enseñados, abundando en acciones de gracias.
>
> —COLOSENSES 2:6–7

Un hecho que puede ser fácilmente ignorado, es que se espera que nosotros los creyentes nos edifiquemos a *nosotros mismos*: "Pero vosotros, amados, edificándoos sobre vuestra santísima fe, orando en el Espíritu Santo" (Judas 1:20). Debemos hacer algo con lo que Él nos da. Como colaboradores de Dios, tenemos diferentes tareas de construcción en la Iglesia. Pero, en resumidas cuentas, esto nunca varía: ninguno de nosotros puede construir apropiadamente, a menos que hayamos respondido a la gracia de Dios a través de insertar nuestras raíces en Él.

Y no podemos llevarlo a cabo solos. Las palabras del Nuevo Testamento están dirigidas a un grupo, no solamente a personas como usted y como yo que posiblemente están sentadas leyendo en su sillón. Aunque cada uno debe responder a la Verdad habiéndola considerado, escuchamos acerca de ella en el contexto de una vasta red de creyentes, lo cual hace que nuestro proyecto personal de construcción sea significativo solamente como parte de un proyecto de construcción mucho más grande llamado la Iglesia.

Jesús establece a la Iglesia (con mayúscula para referirnos al grupo de personas alrededor del mundo que han representado muchas culturas y expresiones de la fe cristiana a lo largo de los siglos). De hecho, Él es el Novio y la Iglesia es su Novia. Él murió para llevarla a la madurez, de tal forma que ella pudiera estar con Él para siempre. Esto quiere decir que aunque nos lastime alguna expresión de la Iglesia, necesitamos, con mayor razón todavía, perdonar y responder con el amor que el Espíritu Santo nos proporciona. Necesitamos perdonar todo abuso y herida, así como demasiado énfasis en el comportamiento externo, con una obediencia llena de fe que venga desde el corazón. Y necesitamos confiar en la Roca más de lo que confiamos en lo que se ha edificado sobre ella, creyendo que nuestra respuesta personal es importante en el esquema total de las cosas, porque así es.

Permanecer cimentados en Él importa mucho más que las señales y maravillas y las manifestaciones de gloria, aunque estas son vitales para la completa expresión del Reino de Dios. (Digo esto como alguien cuyo ministerio ha enfatizado las manifestaciones sobrenaturales). Las maravillas sobrenaturales dependen de los fundamentos, tanto como todo lo demás, y, a menos que nuestro cimiento sea solamente Jesucristo incluso los milagros más evidentes no probarán nada.

## Solamente Jesucristo

El apóstol Pablo le escribió al cuerpo de nuevos creyentes de la ciudad de Corinto, que estaba gobernada por los romanos: "Porque nadie puede poner otro fundamento que el que está puesto, el cual es Jesucristo" (1 Corintios 3:11). Tanto el Antiguo como el Nuevo Testamentos están de acuerdo en que solamente Jesucristo es nuestro fundamento:

> Por tanto, Jehová el Señor dice así: He aquí que yo he
> puesto en Sion por fundamento una piedra, piedra pro-
> bada, angular, preciosa, de cimiento estable; el que cre-
> yere, no se apresure.
>
> —ISAÍAS 28:16

Pedro citó este pasaje mucho después en una de sus epístolas (1 Pedro 2:6). Según Pedro y muchos otros creyentes,
la persona que cree en Jesucristo no será decepcionada.

Las propias palabras de Jesús confirman que Él se considera a sí mismo como nuestro fundamento:

> Él les dijo: Y vosotros, ¿quién decís que soy yo? Respon-
> diendo Simón Pedro, dijo: Tú eres el Cristo, el Hijo del
> Dios viviente. Entonces le respondió Jesús: Bienaventu-
> rado eres, Simón, hijo de Jonás, porque no te lo reveló
> carne ni sangre, sino mi Padre que está en los cielos. Y
> yo también te digo, que tú eres Pedro, y sobre esta roca
> edificaré mi iglesia; y las puertas del Hades no prevale-
> cerán contra ella.
>
> —MATEO 16:15–18

Jesús está armando un juego de palabras aquí. En griego,
que es el idioma original de este Evangelio, se utilizan dos
palabras diferentes para "roca". Jesús es una *petra*, una roca
grande del tamaño de un acantilado; y Pedro, cuyo nombre
proviene de esta palabra, es *petros*, una piedra pequeña.
Jesús es la Roca de nuestra salvación, Aquella sobre la cual
la Iglesia ha sido puesta, y Pedro es un apóstol (un siervo
mensajero) del Señor en el cimiento de la casa. Y todos nosotros estamos "edificados sobre el fundamento de los apóstoles
y profetas, siendo la principal piedra del ángulo Jesucristo
mismo" (Efesios 2:20).

Sin importar el gran profeta que fue, Isaías no es la piedra
principal del ángulo. Aunque su nombre tenga una gran
semejanza con la palabra, Pedro no es la Roca: "Jehová, roca
mía y castillo mío, y mi libertador; Dios mío, fortaleza mía"
(Salmos 18:2).

En Dios solamente está acallada mi alma [...]
El solamente es mi roca y mi salvación;
Es mi refugio, no resbalaré mucho.
Alma mía, en Dios solamente reposa,
Porque de él es mi esperanza.
El solamente es mi roca y mi salvación.
Es mi refugio, no resbalaré.
En Dios está mi salvación y mi gloria;
En Dios está mi roca fuerte, y mi refugio.

—SALMOS 62:1–2, 5–7;
VER TAMBIÉN HECHOS 4:10–12

¿Cómo es que Jesucristo se convierte en nuestra roca fuerte? Solamente y siempre a través de cuatro etapas que son comunes a todos los creyentes:

1. Ser confrontado personalmente por Cristo (ver Mateo 16:16).

2. Tener una revelación directa y espiritual de Cristo (ver Juan 16:13–14).

3. Reconocer a Cristo de manera personal (ver Juan 17:3; 1 Juan 5:13, 20; 2 Timoteo 1:12).

4. Confesar abierta y personalmente a Cristo (ver Job 22:21; 2 Timoteo 1:12).

Al tener el fundamento firme en su lugar, la casa puede comenzar a crecer. Tal como una planta crece, nosotros crecemos a partir de Jesucristo, nuestro fundamento vivo. Por lo tanto, el apóstol Pablo les dice a los creyentes: "Y ahora, hermanos, os encomiendo a Dios, y a la palabra de su gracia, que tiene poder para sobreedificaros y daros herencia con todos los santificados" (Hechos 20:32).

## EL PROCESO DE EDIFICACIÓN

¿Cómo es que se traduce la "palabra de su gracia" en crecimiento? En otras palabras, ¿cómo podemos cooperar usted y yo en el proceso de edificación? Sucede al escuchar y llevar a cabo las palabras de Jesucristo.

Cuando vivió con sus discípulos, Él les enseñó cómo escuchar y llevar a cabo sus palabras constituye la esencia crucial del proceso de edificación:

> Cualquiera, pues, que me oye estas palabras, y las hace, le compararé a un hombre prudente, que edificó su casa sobre la roca. Descendió lluvia, y vinieron ríos, y soplaron vientos, y golpearon contra aquella casa; y no cayó, porque estaba fundada sobre la roca. Pero cualquiera que me oye estas palabras y no las hace, le compararé a un hombre insensato, que edificó su casa sobre la arena; y descendió lluvia, y vinieron ríos, y soplaron vientos, y dieron con ímpetu contra aquella casa; y cayó, y fue grande su ruina.
>
> —MATEO 7:24–27

Escuchar y llevar a cabo sus palabras, implica entender el mensaje de la Biblia, su Palabra. En otras palabras, la Biblia, como la Palabra escrita, va de la mano con Jesucristo, la Palabra Viva. No podemos separar a Jesús de la colección de libros que llamamos la Santa Biblia, porque Él mismo *es* la Palabra de Dios.[1]

Esta será siempre la prueba de nuestro discipulado: escuchar y obedecer su Palabra. De hecho, si no podemos guardar su Palabra, la vida de Dios no podrá fluir en nosotros. Jesús dijo: "El que tiene mis mandamientos, y los guarda, ése es el que me ama; y el que me ama, será amado por mi Padre, y yo le amaré, y me manifestaré a él" (Juan 14:23). Nuestra entrega a la Palabra de Dios (ver 1 Juan 2:4–5) prueba nuestro amor por Jesucristo y nos suelta el favor de Dios.

Su luz brilla a través de nosotros al permanecer en su Palabra y aumentar en la presencia y el poder de su Espíritu.[2] Dios establece su presencia perdurable con sus discípulos (es decir, ¡nosotros!), directamente a través de su Palabra, lo cual nos hace llevar mucho fruto.[3]

La Palabra de Dios y su Espíritu, unidos en nuestra vida, contienen toda la autoridad creativa y el poder necesario para participar y suplirnos toda necesidad que tengamos, mientras habitemos en esta Tierra. Edificados sobre el fundamento de Jesucristo mismo, podemos esperar florecer, ¡desde ahora hasta la eternidad!

¡Cuán firme cimiento se ha dado a la fe,
De Dios en su eterna palabra de amor!
¿Qué más Él pudiera en su Libro añadir
Si todo a sus hijos lo ha dicho el Señor?[4]

# 2

# LA ASOMBROSA PALABRA DE DIOS

L A BIBLIA, LA Palabra de Dios, no es un libro ordinario. Es el libro más asombroso que ha sido o será escrito. Compuesta por hombres que fueron inspirados por el Espíritu Santo de Dios, las Escrituras expresan su plan fundamental para los seres humanos en la Tierra y en el plano de la vida eterna. Sin la Palabra de Dios, el propósito de su salvación y del destino humano, no podrían transmitirse de una generación a la otra.

Dios mismo les habla a todas las personas a través de la Biblia, directa y personalmente. Las palabras contenidas en la Palabra nos informan, nos alientan, nos limpian, nos santifican y nos hacen partícipes de la misma naturaleza de nuestro Dios Padre. Nos dan sabiduría y poder para vencer a las fortalezas de las tinieblas; para que cada uno podamos tener una vida victoriosa en Cristo Jesús.

Es posible que ya sepa y crea todo esto, pero nunca está demás revisar *por qué* su Biblia (¡el único libro escrito que lo interpreta *a usted* al leerlo!) ha sido establecida como el fundamento de su vida como creyente.

## LA AUTORIDAD DE LA PALABRA DE DIOS

Los creyentes consideramos que la Palabra de Dios es nuestra autoridad. Basamos nuestra cosmovisión llena de fe en ella. Basamos nuestra estimación de su autoridad, en parte sobre la experiencia de primera mano, así como en la experiencia indirecta. Pero —esencialmente al probar su propia autoridad— acudimos a las palabras de la Biblia misma para encontrar pruebas de la confiabilidad de su fuente, su propósito y sus beneficios.

## La fuente de la Palabra de Dios

La palabra de Dios es inspirada por Dios mismo. Se originó en el cielo. Dios "sopló" a través de su Espíritu y los hombres fueron inspirados para escribir, convirtiéndose así en canales a través de los cuales su Palabra pudiera ser transmitida al resto de la raza humana. La Palabra escrita dice lo anterior con respecto a su propio origen:

> Toda la Escritura es inspirada por Dios, y útil para enseñar, para redargüir, para corregir, para instruir en justicia, a fin de que el hombre de Dios sea perfecto, enteramente preparado para toda buena obra.
>
> —2 TIMOTEO 3:16–17

> Entendiendo primero esto, que ninguna profecía de la Escritura es de interpretación privada, porque nunca la profecía fue traída por voluntad humana, sino que los santos hombres de Dios hablaron siendo inspirados por el Espíritu Santo.
>
> —2 PEDRO 1:20–21

> La suma de tu palabra es verdad, y eterno es todo juicio de tu justicia.
>
> —SALMOS 119:160

> Para siempre, oh Jehová, permanece tu palabra en los cielos.
>
> —SALMOS 119:89

En el cielo, en la persona de Dios, la Palabra de Dios comienza, se establece y afirma. Cuando Dios "sopló" (a menudo aludiendo al viento de la esencia de su Espíritu o *pneuma* en griego) sobre la gente que permanecía receptiva, la Palabra entró en su mente y en su corazón. De esta manera, al ser inspirados o al recibir este mover en ellos, comenzaron a hablar acerca de ella. Si los escribas estaban presentes, ellos comenzaron a escribirla.

El Hijo de Dios, Jesús, les llamó a las Escrituras, la Palabra de Dios y declaró que "no puede ser quebrantada" (Juan 10:35).

## El propósito de la Palabra de Dios

De manera que, después de cientos de años, terminamos con 66 libros individuales que, coleccionados en un solo volumen, constituyen lo que conocemos como la Biblia. ¿Cuál es el propósito de un volumen tan inusual? Su Palabra nos dice:

> Toda la Escritura es inspirada por Dios, y útil para enseñar, para redargüir, para corregir, para instruir en justicia, a fin de que el hombre de Dios sea perfecto, enteramente preparado para toda buena obra.
> —2 TIMOTEO 3:16–17

> No sólo de pan vivirá el hombre, sino de toda palabra que sale de la boca de Dios.
> —MATEO 4:4 (JESÚS CITANDO DEUTERONOMIO 8:3)[1]

La Escritura nos enseña a distinguir lo bueno de lo malo, corrigiéndonos cuando es necesario; y su importancia para nuestro bienestar se encuentra al par que nuestra necesidad de alimento físico. No debemos dejarla, ni siquiera teniendo una razón. La Palabra es tan importante para nuestro crecimiento espiritual básico, como lo es la leche materna para un bebé (ver 1 Pedro 2:2). Siendo el fundamento de la salud y el crecimiento fortalece al creyente desde el comienzo.

Al crecer, nuestro espíritu añora la Palabra, tal como nuestro cuerpo añora la comida sólida. Cuando Jesús dijo: "No sólo de pan vivirá el hombre, sino de toda palabra que sale de la boca de Dios", la palabra *sale* es un verbo en tiempo presente continuo. En otras palabras, Dios sigue alimentándonos con su Palabra continuamente. Así como nuestro cuerpo físico muere si lo privamos de comida, nuestro espíritu se marchita si no continuamos ingiriendo la Palabra viva de Dios.

Gracias a que he viajado y ministrado por el mundo, he conocido a personas de todas las culturas que aman y valoran la Palabra de Dios, pero que no tienen una experiencia viva con el Espíritu Santo. He conocido a otros que asienten a la Biblia, pero que son, en su mayoría, adictos a las manifestaciones del Espíritu Santo. Los creyentes más maduros que conozco, combinan un amor por la Palabra con su amor por el Señor de la Palabra.

El evangelista británico Leonard Ravenhill dijo una vez: "Con solamente la Palabra de Dios, usted se secará. Con solamente el Espíritu Santo, estallará. Con el Espíritu y la Palabra, usted crecerá".

¿El propósito de la Palabra de Dios? Alimentar y equipar a los creyentes para la vida del Reino aquí en la Tierra.

### Los beneficios de la Palabra de Dios

Al llevar la Palabra de Dios a su espíritu, el Espíritu Santo le da vida y luz. Al leer o escuchar la Palabra escrita, usted se entrega a ella y comienza a amarla. La Palabra vive en su interior. La Palabra viva de Dios mismo (otro nombre para el Espíritu de Jesús) acelera las palabras escritas para que se conviertan en revelación. Nunca tendrá revelación divina sin haber establecido primeramente el cimiento de la Palabra de Dios en su mente y en su espíritu. Ambas van de la mano.

Una gran parte de la revelación que proviene de la Palabra de Dios tiene que ver con la vida práctica. Al hacerse viva en nuestro interior, la Palabra nos ayuda a mantenernos puros y limpios, libres de pecado y cada vez más santificados (ver Salmos 119:9, 11; Juan 15:3; Juan 17:17). Ilumina el camino de nuestros pies (ver Salmos 119:105, 130) y nos fortalece lo suficiente para vencer al diablo (ver 1 Juan 2:14). De hecho, fortalece nuestro cuerpo, así como nuestro espíritu (ver Proverbios 4:20–22) y nos imparte algo de la naturaleza divina (ver 2 Pedro 1:4).

Esos beneficios se multiplican con el tiempo. Nunca perecen. Los beneficios de la Palabra de Dios son mejores que cualquier plan de negocios de la Tierra. La Palabra no solamente nos transmite esos beneficios, sino que nos permite utilizarlos con grandes ventajas.

Podemos ver por qué la Palabra de Dios nos dice: "Hijo

mío, está atento a mis palabras; inclina tu oído a mis razones. No se aparten de tus ojos; guárdalas en medio de tu corazón; porque son vida a los que las hallan, y medicina a todo su cuerpo" (Proverbios 4:20–22). ¡Él desea que sus hijos reflejen su imagen al mundo y disfruten haciéndolo!

## La Palabra de Dios, la fuente de poder

La Palabra de Dios representa la fuente real de toda la fortaleza y el poder que necesitamos para tener una vida nueva en el Reino de Dios. En las palabras de la Palabra, yo puedo ver por lo menos siete formas diferentes de describir el poder que Dios pone a nuestra disposición:

1. Poder cortante, decisivo, que divide: "Porque la palabra de Dios es viva y eficaz, y más cortante que toda espada de dos filos; y penetra hasta partir el alma y el espíritu, las coyunturas y los tuétanos, y discierne los pensamientos y las intenciones del corazón" (Hebreos 4:12).

2. Poder reflejante; poder para reflejar la naturaleza de Dios en nosotros (ver Santiago 1:22–25).

3. Poder limpiador, como un detergente: "Ya vosotros estáis limpios por la palabra que os he hablado" (Juan 15:3). (Ver también Efesios 5:26).

4. Poder reproductivo, como una semilla: "Siendo renacidos, no de simiente corruptible, sino de incorruptible, por la palabra de Dios que vive y permanece para siempre" (2 Pedro 1:23).

5. Poder que alimenta, como comida (ver de nuevo 1 Pedro 2:2; Mateo 4:4; Hebreos 5:12–14).

6. Poder que guía, como una lámpara (ver de nuevo Salmos 119:105; ver también 2 Pedro 1:19).

7. Poder para salvación: "Porque no me avergüenzo del evangelio, porque es poder de Dios para salvación a todo aquel que cree" (Romanos 1:16).

Estos siete tipos de poder están fácilmente disponibles para nosotros a través de la Palabra de Dios, en los libros del Antiguo y del Nuevo Testamentos.

## ¿En qué le ayudará la Palabra?

Cuando recibimos la Palabra de Dios en nuestro corazón y en nuestra vida, nos apropiamos de sus beneficios con resultados garantizados. Isaías lo explicó de esta manera: "Así será mi palabra que sale de mi boca; no volverá a mí vacía, sino que hará lo que yo quiero, y será prosperada en aquello para que la envié" (Isaías 55:11). En otras palabras, la Palabra de Dios no regresa vacía. ¡La Palabra de Dios funciona!

Para los principiantes, la Palabra de Dios produce *fe* en usted. El apóstol Pablo les escribió a los creyentes romanos: "Así que la fe es por el oír, y el oír, por la palabra de Dios" (Romanos 10:17). Si lee los Evangelios, llenos de las palabras mismas de Jesucristo, la inspiración del Espíritu Santo producirá en su corazón una fe renovada, ya sea que usted sea un nuevo creyente o que haya caminado en la fe durante cincuenta años.

Además, cuando recibimos la Palabra de Dios, esta produce *paz* en su espíritu, su alma y su cuerpo (ver Filipenses 4:7 e Isaías 55:8–12). Si usted está luchando con un problema, acuda a la Palabra de Dios y permítale que sea injertada en su alma, de manera que pueda llevar a cabo su trabajo. La Palabra de Dios hará que entre el Reino, y el Reino de Dios es "justicia, paz y gozo" (Romanos 14:17).

De una manera real, la Palabra de Dios *limpia* a todo aquel que es tocado por ella (ver Salmos 119:9) y *comienza un proceso de cambio.*

Vea, por ejemplo, Salmos 19:7: "La ley de Jehová es perfecta, que convierte el alma; el testimonio de Jehová es fiel, que hace sabio al sencillo". La Palabra hace que sucedan esos cambios. Provoca una *transformación* (ver Romanos 12:2).

## Cómo estudiar su Biblia

En unos cuantos párrafos, solo puedo tratar algunas de las razones y los métodos principales para estudiar la Biblia a profundidad. No solamente debemos mover nuestros ojos de izquierda a derecha sin absorber o comprender lo que leemos. Todo creyente necesita *conocer* la Palabra de Dios. La exhortación del apóstol Pablo a su discípulo Timoteo sigue siendo nuestra guía en la actualidad: "Procura con diligencia presentarte a Dios aprobado, como obrero que no tiene de qué avergonzarse, que usa bien la palabra de verdad" (2 Timoteo 2:15).

¿Por qué estudiar la Biblia? Porque Jesús mismo, junto con los hermanos más sabios, nos dice que lo hagamos. Jesús animó a sus seguidores a escudriñar las Escrituras (Juan 5:39) y Lucas elogió a aquellos que escudriñan las Escrituras diariamente llamándolos "más nobles" (Hechos 17:11). Salomón, el hombre más sabio de su tiempo nos aconsejó:

> Hijo mío, está atento a mis palabras;
> Inclina tu oído a mis razones.
> No se aparten de tus ojos;
> Guárdalas en medio de tu corazón;
> Porque son vida a los que las hallan,
> Y medicina a todo su cuerpo.
> —Proverbios 4:20–22

Santiago, hermano del Señor Jesús y la cabeza del concilio de Jerusalén que estaba sobre la Iglesia primitiva, enseñó que estudiar la Palabra de Dios es como mirarse en un espejo de libertad en el que conocemos nuestros derechos en Cristo (vea Santiago 1:22–25).

### Herramientas prácticas para el crecimiento espiritual

Al tomar su Biblia y leerla, asegúrese de leerla cuidadosamente, pidiéndole al Espíritu Santo que lo ayude. Tome nota de lo que le resalte, porque el Espíritu Santo puede estar llamando su atención hacia ello.

Lea tanto el texto como el contexto (ver Deuteronomio 17:19 y 2 Corintios 1:13), deduciendo las ideas básicas primero e investigando más acerca del contexto al avanzar. Siempre recomiendo comenzar con los Evangelios (Mateo, Marcos, Lucas y Juan). Usted aprenderá a personalizar la Palabra,

33

viendo las palabras de la Biblia como "palabras presentes" que transmiten los pensamientos de Dios para la actualidad. Es posible que haya escuchado que la Biblia es llamada "la carta de amor de Dios para usted". Pídale a Dios que le ayude a comprender lo que Él le ha escrito.

La tapa de su Biblia puede decir "Santa Biblia", pero eso no quiere decir que debe mantener las hojas sin marcas y sin arrugas. Le recomiendo que subraye las palabras y los versículos que conlleven un significado especial para usted, y que haga notas en los márgenes. Antes de que pase mucho tiempo, su Biblia favorita se convertirá en su vieja amiga y deducirá mucho más de ella, porque usted tiene una historia con ella.

Únase a un grupo de estudio bíblico. Elija a maestros bíblicos talentosos que puedan presentarle tanto las perspectivas históricas como las contextuales, así como aplicaciones de la vida diaria de la Palabra para su generación. Junto con el grupo e individualmente, aprenda a utilizar una concordancia (una lista en orden alfabético de las palabras que pueden ayudarle a encontrar los versículos que utilizan esas palabras). Si tiene acceso a una concordancia Strong o una Young en papel o en línea, usted puede buscar los usos de ciertas palabras en sus idiomas originales. A menudo, los significados serán más claros para usted al buscar más profundamente. Busque referencias cruzadas. Utilice léxicos en griego y en hebreo para estudiar los orígenes de las palabras, otras opciones de traducción y otros lugares en que esa palabra aparece en la Escritura.

Puede comenzar su propio estudio de temas tales como la redención, el arrepentimiento o el amor de Dios, y profundizar más al leer, haciendo preguntas tales como: "¿Por qué es importante esto?", y: "¿Cómo afecta esto a mi vida?". También puede estudiar la vida de personas importantes de la Biblia, de nuevo, haciéndose preguntas específicas, tales como:

1. ¿Por qué Dios eligió a esta persona?
2. ¿Qué hizo esta persona (o no hizo) para cumplir con los requerimientos de Dios?

3. ¿Qué proceso utilizó Dios para llevar a esta persona a la plenitud de su propósito?

4. ¿Qué lecciones puedo aprender de la vida de esta persona, especialmente al aprender la fe y la paciencia? (Ver Romanos 15:4 y Hebreos 6:12).

Haga lo que haga, véase en el "espejo" de la Palabra de Dios tan frecuentemente como le sea posible. Mire fijamente la belleza de su gran presencia. Al hacerlo, usted comenzará a reflejar su semejanza (ver 2 Corintios 3:18). Usted tiene una relación con la Palabra viva misma, Jesús. "Y aquel Verbo fue hecho carne, y habitó entre nosotros (y vimos su gloria, gloria como del unigénito del Padre), lleno de gracia y de verdad" (Juan 1:14).

Lejos de ser un viejo libro seco, muerto y polvoriento, la Biblia está viva. Llene su mente y su espíritu de las palabras de la Palabra. ¡Nunca se arrepentirá! De hecho, le garantizo que cambiará su vida como ha cambiado la mía.

Señor, tu Palabra permanece,
Y nuestros pasos guía;
A quien en su verdad cree
Luz y gozo recibe.

O, que perspicaz
Es casi un aprendizaje santo,
Señor que te amemos y te temamos,
¡por siempre cerca de ti estemos![2]

# 3

# DIOS EN TRES PERSONAS

DE VEZ EN cuando me doy cuenta de que necesito revisar mis fundamentos espirituales para asegurarme de que continúan siendo fuertes. Después de todo, bajo la presión, pueden surgir grietas en cualquier cimiento. Usted pensará que yo no necesito hacer tal cosa, porque vivo mi vida completamente sumergido en la cultura del Reino. Pero el solo hecho de vivir y trabajar con otros cristianos no garantiza la seguridad de mis creencias cardinales. Mis amarras fundamentales pueden cambiar si me distraen las influencias a mi alrededor, y mis principios básicos podrían quedar de lado.

Además, muchos creyentes en la actualidad no están realmente asentados en las verdades históricas y en los credos apostólicos de la Iglesia. ¿Qué hay de usted? Hay razones de sobra para llevar a cabo una rápida revisión de sus fundamentos.

Uno, por ejemplo, puede pasar semanas sin pensar en realidad acerca del misterio de las tres Personas de Dios. Yo siempre dirijo mis oraciones al Padre, en el nombre del Hijo, recibiendo poder del Espíritu Santo, porque me surge naturalmente. Yo creo en la Trinidad, al igual que la mayoría de ustedes, aunque ese término no se encuentre en las Escrituras.

La naturaleza trina del Altísimo, sin embargo, constituye uno de los misterios más profundos e insuperables del cristianismo. Incluso a los teólogos y a los eruditos más dedicados les cuesta comprender el hecho de que el Padre, su hijo Jesús y el Espíritu Santo sean, *cada uno*, la plenitud de Dios, ninguno menor que el otro, mientras que *todos* son la plenitud de Dios. Estas tres personas no son tres dioses, sino más bien, tres expresiones de un solo Dios.

¿Cómo es que Dios puede expresar unidad y la diversidad de la pluralidad al mismo tiempo? Los seres humanos estamos desconcertados e intrigados. Dadas las limitaciones humanas, con el paso del tiempo tendemos a elevar a Dios a *una* de sus expresiones individuales más que a las otras dos, mostrando una preferencia relacional por el Padre, por Jesús o por el Espíritu Santo. Puede resultar difícil mantener un equilibrio y, sin embargo, sin una consciencia de la cualidad trina de Dios, nuestra vida espiritual puede anquilosarse.

Necesitamos la ayuda de Dios para conocerlo en su plenitud. En otras palabras, se necesita a Dios para conocer a Dios. En lo que me concierne a mí y a mi casa, deseo conocer y experimentar la plenitud de Dios en sus tres diversas expresiones.

## DOS CONCEPTOS PARADÓJICOS

La triple naturaleza del Altísimo involucra dos conceptos paradójicos: (1) la unidad de Dios y, (2) las distinciones de individualidad dentro del Altísimo.

Creemos que Dios es uno: "Oye, Israel: Jehová nuestro Dios, Jehová uno es" (Deuteronomio 6:4). Cuando Dios sacó al pueblo de Israel de Egipto, los apartó del politeísmo (la adoración de muchos dioses) de las naciones circundantes cuando les dijo que el Dios de Abraham, de Isaac y de Jacob, es el único Dios en el cielo. Además, les dijo que abandonaran cualquier tipo de adoración a otros dioses:

> No tendrás dioses ajenos delante de mí. No te harás imagen, ni ninguna semejanza de lo que esté arriba en el cielo, ni abajo en la tierra, ni en las aguas debajo de la tierra. No te inclinarás a ellas, ni las honrarás; porque yo soy Jehová tu Dios, fuerte, celoso, que visito la maldad de los padres sobre los hijos hasta la tercera y cuarta generación de los que me aborrecen, y hago misericordia a millares, a los que me aman y guardan mis mandamientos. No tomarás el nombre de Jehová tu

Dios en vano; porque no dará por inocente Jehová al que tomare su nombre en vano.

—ÉXODO 20:3-7

El Antiguo Testamento anuncia este tema y el Nuevo Testamento lo continúa: un Dios, el único Dios (ver, por ejemplo, Isaías 43:10; 45:5; Jeremías 10:1-6; Juan 17:3; 1 Corintios 8:4). Y, sin embargo (al ser la Palabra de Dios una "espada de dos filos", de acuerdo con Hebreos 4:12), la Biblia nos muestra que la individualidad de este Dios único tiene tres expresiones distintas y que esas tres expresiones *no* comenzaron en el nacimiento de Jesús. Observe Génesis 1:26, que dice: "Entonces dijo Dios: Hagamos al hombre a nuestra imagen, conforme a nuestra semejanza". El empleo de las palabras *hagamos* y *nuestra* en este versículo acerca de la Creación, se refiere a la pluralidad en el Altísimo.

Hacia el Nuevo Testamento vemos que las tres distintas expresiones de Dios se muestran en el bautismo de Jesús:

> Aconteció que cuando todo el pueblo se bautizaba, también Jesús fue bautizado; y orando, el cielo se abrió, y descendió el Espíritu Santo sobre él en forma corporal, como paloma, y vino una voz del cielo que decía: Tú eres mi Hijo amado; en ti tengo complacencia.
>
> —LUCAS 3:21-22

Vemos aquí que el Hijo está recibiendo poder del Espíritu Santo, mientras el Padre demuestra su aprobación desde el cielo. Yendo hacia los relatos de la vida de Jesús en la Tierra, vemos que Jesús, el Hijo, enviado por el Padre (ver 1 Juan 4:10) y quien regresó al Padre (ver Juan 17:13), ahora está sentado a su diestra en el cielo (ver Hebreos 1:3; 12:2). El Espíritu, prometido por el Padre, fue enviado por el Hijo después de su ascensión, para que estuviera con su pueblo (ver Mateo 28:18; Juan 14:16-23; Hechos 2:33; 2 Corintios 13:14).

Estas tres Personas de la Trinidad, el Padre, el Hijo y el Espíritu Santo, son en efecto personas, y no solamente manifestaciones o modos del Dios Altísimo. Las manifestaciones no pueden conversar entre sí. Tampoco expresan afecto mutuo. Estas son expresiones y acciones de *personas* (ver Juan17). A la vez, en su pluralidad, ¡Dios no está dividido! "Porque en él habita corporalmente toda la plenitud de la Deidad" (Colosenses 2:9). Jesús no es menos Dios que el Padre mismo (ver Juan 1:1). La Escritura identifica igualmente al Espíritu Santo de Dios. Cuando Pedro reprendió a Ananías por mentirle al Espíritu Santo, él dijo: "No has mentido a los hombres, sino a Dios" (Hechos 5:3–4).

Esto no debe parecernos tan difícil de comprender, una vez que nos damos cuenta de que nosotros mismos hemos sido hechos a la imagen de Dios y que, como seres humanos, también somos "trinos": (1) espíritu, (2) alma (mente, emociones) y (3) cuerpo. Funcionamos como una persona (bueno, ¡lo hacemos la mayor parte del tiempo), con una riqueza mucho mayor gracias a las variadas expresiones de nuestra individualidad tripartita.

## DIOS EL PADRE

"Dijo Moisés a Dios: He aquí que llego yo a los hijos de Israel, y les digo: El Dios de vuestros padres me ha enviado a vosotros. Si ellos me preguntaren: ¿Cuál es su nombre?, ¿qué les responderé?" (Éxodo 3:13).

Esta pregunta la han hecho durante siglos todos aquellos que buscan la verdad. ¿Quién es usted? ¿Cómo se llama? Moisés sabía que la gente le pediría un nombre, porque todos los dioses de su cultura politeísta tenían nombres. Ellos desearían una "manija" de la cual asirse y, a decir verdad, también Moisés mismo. Él había estado interactuando con este Dios sin nombre, escuchando su voz y mirando sus señales y prodigios, y no sabía cómo llamarle.

"Y respondió Dios a Moisés: YO SOY EL QUE SOY. Y dijo: Así dirás a los hijos de Israel: YO SOY me envió a vosotros" (Éxodo 3:14). En otras palabras, Él es el Omnipresente, el Dios que siempre está en tiempo presente. Él no solamente es el Dios de la historia del pasado o el Dios del futuro.

Además, el mismo Dios Omnipresente permanece accesible. Él es *ahora*. Él está *aquí*. Él desea una relación viva y vibrante con cada persona que Él ha creado. Él desea ser encontrado. Él desea que sus criaturas lo conozcan. Dios desea reunir a su familia. Él desea amistad. Él es, de hecho, nuestro *Padre*. Es por ello que el apóstol Pablo escribió: "Gracia y paz a vosotros, de Dios nuestro Padre y del Señor Jesucristo" (Efesios 1:2); y: "Por esta causa doblo mis rodillas ante el Padre de nuestro Señor Jesucristo, de quien toma nombre toda familia en los cielos y en la tierra" (Efesios 3:14–15).

Él desea que lo llamemos "Padre", incluso "Papi" o "Abba", utilizando términos de honor y expresiones de cariño. Su deseo brilla a lo largo del Antiguo y Nuevo Testamentos. Podemos verlo en "imágenes instantáneas de las Escrituras" tales como las siguientes:

Del Antiguo Pacto (Antiguo Testamento):
Deuteronomio 32:6: "¿No es él tu padre?...".
Salmos 68:5–6: "Padre de huérfanos...".
Salmos 103:13: "Como el padre se compadece de los
  hijos, se compadece Jehová...".
Isaías 9:6: "y se llamará su nombre [...] Padre
  Eterno...".
Malaquías 2:10: "¿No tenemos todos un mismo
  padre?...".
Del Nuevo Pacto (Nuevo Testamento):
Mateo 7:11: "¿Cuánto más vuestro Padre que está en
  los cielos dará buenas cosas a los que le pidan?".
Mateo 23:9: "...porque uno es vuestro Padre...".
Lucas 11:2: "Cuando oréis, decid: Padre nuestro que
  estás en los cielos...".
Juan 1:14: "...gloria como del unigénito del
  Padre...".
1 Corintios 8:6: "Sólo hay un Dios, el Padre...".
Efesios 4:6: "...un Dios y Padre de todos, el cual es
  sobre todos, y por todos, y en todos".
Filipenses 2:11: "Y toda lengua confiese que
  Jesucristo es el Señor, para gloria de Dios Padre".
Hebreos 12:9: "¿Por qué no obedeceremos mucho
  mejor al Padre de los espíritus, y viviremos?".

## Jesús el Mesías

Mientras que Moisés le preguntó a Dios: "¿Quién eres?", Jesús cambió la pregunta y les dijo a los discípulos: "¿Quién dicen los hombres que es el Hijo del Hombre?" (Mateo 16:13). Estaba averiguando lo que ellos estaban escuchando de la gente. Sus respuestas fueron desde "Juan el Bautista" (quien había sido decapitado, lo cual significaría que había regresado de la muerte), a "Elías, el profeta" (quien, como fue profetizado por Malaquías, en Malaquías 4:5, regresaría "antes que venga el día de Jehová, grande y terrible"), hasta Jeremías, el profeta (quien, probablemente debido a su ministerio de compasión por la gente, fue conocido como el "profeta llorón").

Ninguna de esas respuestas era correcta, desde luego. De manera que Jesús aterrizó la pregunta: "Y *vosotros*, ¿quién decís que soy yo?" (Mateo 16:15, énfasis añadido). El resto de los discípulos permaneció en silencio, pero Pedro habló:

> Tú eres el Cristo, el Hijo del Dios viviente. Entonces le respondió Jesús: Bienaventurado eres, Simón, hijo de Jonás, porque no te lo reveló carne ni sangre, sino mi Padre que está en los cielos.
>
> —Mateo 16:16–17

Pausa. "No te lo reveló carne ni sangre, sino mi Padre que está en los cielos". Una revelación directa del cielo, la única manera en que Pedro podía saber quién era Jesús; es también la única manera en que nosotros podemos saber quién es Él. Piénselo de esta manera: Jesús nos pregunta directamente: "¿Tú quién dices que soy yo?". Y debemos responder la pregunta de alguna manera. Nuestra respuesta a esa sola pregunta determinará nuestro caminar presente y nuestro destino futuro.

A Pedro no se le ocurrió así nada más la idea creativa acerca de la identidad de Jesús. Él no solamente le atinó a la respuesta correcta. El Padre se la reveló a través del Espíritu Santo. Lo mismo debe sucedernos y nos sucederá a cada uno de nosotros. Se necesita a Dios para conocer a Dios. Si intercedemos por los amigos y vecinos perdidos, debemos orar una cosa: orar por que el Espíritu de revelación nos revele su identidad, de manera que la gente pueda verlo como realmente es. Nadie puede llegar a la fe de otra manera.

Estoy tan seguro de eso que lo prediqué en el funeral de mi padre hace algunos años. La iglesia metodista rural donde crecí, estaba llena de vecinos, amigos y familiares. Ellos me habían visto crecer y todos sabían que mi papá había tenido una vida muy difícil.

De manera que comencé el sermón del funeral diciendo: "Hoy les hablaré como el hijo de un padre y les hablaré como un predicador. Existen dos cosas que nunca le gustaron a mi padre. Número uno, los predicadores en los funerales que ensalzan al difunto de tal manera que las personas aplaudan y se pregunten de quién estaban hablando. Número dos, a mi padre no le gustaban los predicadores en los funerales que intentaban sacar al difunto del infierno y llevarlo al cielo, cuando todos sabían que era un pagano".

De verdad, la gente de esa iglesia era todo oídos. No esperaban escuchar esto. Y continué diciendo: "Pero gracias a Dios, porque por la grande gracia de Dios a través de Jesucristo, yo no tengo que hacer nada de eso hoy. La única manera de ser salvo es por gracia, a través de la fe en el hombre de Jesucristo. Y yo sé que mi papá fue vestido con el manto de justicia, porque él había puesto su fe en Jesús, de manera que no tengo por qué ensalzarlo y ustedes no tienen que soportar ese tipo de funeral".

Jesús le pregunta a usted: "¿Quién dices que soy yo?".

## Jesús, el cumplimiento de la promesa

En el Antiguo Testamento vemos alusiones proféticas al Mesías, a Aquel que sería enviado por Dios para redimir a su pueblo. Aquí, recopilados para obtener una rápida referencia, se encuentran las citas más destacadas:

> He aquí que vienen días, dice Jehová, en los cuales haré nuevo pacto con la casa de Israel y con la casa de Judá. No como el pacto que hice con sus padres el día que tomé su mano para sacarlos de la tierra de Egipto; porque ellos invalidaron mi pacto, aunque fui yo un marido para

ellos, dice Jehová. Pero este es el pacto que haré con la casa de Israel después de aquellos días, dice Jehová: Daré mi ley en su mente, y la escribiré en su corazón; y yo seré a ellos por Dios, y ellos me serán por pueblo.

—JEREMÍAS 31:31–33

Esparciré sobre vosotros agua limpia, y seréis limpiados de todas vuestras inmundicias; y de todos vuestros ídolos os limpiaré. Os daré corazón nuevo, y pondré espíritu nuevo dentro de vosotros; y quitaré de vuestra carne el corazón de piedra, y os daré un corazón de carne. Y pondré dentro de vosotros mi Espíritu, y haré que andéis en mis estatutos, y guardéis mis preceptos, y los pongáis por obra.

—EZEQUIEL 36:25–27

Y les daré un corazón, y un espíritu nuevo pondré dentro de ellos; y quitaré el corazón de piedra de en medio de su carne, y les daré un corazón de carne, para que anden en mis ordenanzas, y guarden mis decretos y los cumplan, y me sean por pueblo, y yo sea a ellos por Dios.

—EZEQUIEL 11:19–20

He aquí se cumplieron las cosas primeras, y yo anuncio cosas nuevas; antes que salgan a luz, yo os las haré notorias.

—ISAÍAS 42:9

Todas estas citas fueron escritas mucho antes del nacimiento de Jesús en Belén y han sido copiadas y guardadas, y memorizadas durante siglos. La palabra hebrea para nuevo pacto es *chadas*, definida como "fresco" o "cosa nueva". Utilizada solamente 48 veces en las Escrituras, la palabra aparece en Isaías 42:9.

Cuando Jesús vino en carne les pareció difícil de creer. (Cuando esperamos algo tanto tiempo como el pueblo judío había esperado al Mesías, aprendemos a dudar de la evidencia). Cuando su vida y la manera en que murió cumplieron con esas palabras y cuando la gente que creyó que Él era el Mesías comenzó a tener una vida transformada, la evidencia fue aún más fuerte. Los escritores del Nuevo Testamento subrayaron su identidad con palabras tales como estas:

> Que Dios estaba en Cristo reconciliando consigo al mundo, no tomándoles en cuenta a los hombres sus pecados, y nos encargó a nosotros la palabra de la reconciliación. Así que, somos embajadores en nombre de Cristo, como si Dios rogase por medio de nosotros; os rogamos en nombre de Cristo: Reconciliaos con Dios. Al que no conoció pecado, por nosotros lo hizo pecado, para que nosotros fuésemos hechos justicia de Dios en él.
>
> —2 CORINTIOS 5:19–21

> Y por medio de él reconciliar consigo todas las cosas, así las que están en la tierra como las que están en los cielos, haciendo la paz mediante la sangre de su cruz. Y a vosotros también, que erais en otro tiempo extraños y enemigos en vuestra mente, haciendo malas obras, ahora os ha reconciliado en su cuerpo de carne, por medio de la muerte, para presentaros santos y sin mancha e irreprensibles delante de él.
>
> —COLOSENSES 1:20–22

> Y el Dios de paz que resucitó de los muertos a nuestro Señor Jesucristo, el gran pastor de las ovejas, por la sangre del pacto eterno, os haga aptos en toda obra buena para que hagáis su voluntad, haciendo él en vosotros lo que es agradable delante de él por Jesucristo; al cual sea la gloria por los siglos de los siglos. Amén.
>
> —HEBREOS 13:20–21

Jesús fue, y es, el Mesías y el Redentor esperado. Él existía antes de su nacimiento como bebé y de sus treinta y tantos años conviviendo con la gente que comenzaba a creer en Él y no permaneció en la cruz después de ser crucificado ahí, Él está vivo hoy, justo en este momento, así ha estado siempre y siempre lo estará.

¿Cómo lo sabemos? Por la poderosa revelación continua de su Espíritu.

## LA PERSONA DEL ESPÍRITU SANTO

Me gustaría decir algo importante con respecto al Espíritu Santo como persona, porque de otra manera, es muy fácil que pensemos en Él como "algo". Algunas personas afirman que "el Espíritu Santo" se refiere a una influencia vaga e invisible; no obstante, Él es una persona real, con una mente, sentimientos y capacidad propias para comunicarse, tal como el Padre y el Hijo son personas reales.

A pesar del hecho de que la mayoría de las personas no entienda al Espíritu Santo y no pueda apreciarlo como el tercer miembro de la Trinidad, Él sigue siendo el miembro más vital de la Trinidad en términos de la conversión personal, el crecimiento en Cristo y la continua edificación del glorioso Reino de Dios en la Tierra.

El Espíritu puede ser la tercera Persona del Altísimo, pero eso no quiere decir que Él ocupe una posición terciaria o el tercer puesto. ¡Está lejos de serlo! Parte de la confusión proviene del hecho de que su obra *nunca* llama la atención a Él mismo, sino solamente al glorificado Señor Jesús (ver Juan 16:14).

Jesús explicó cuan favorable sería su partida inminente, porque entonces enviaría a su Espíritu Santo para morar íntimamente con los discípulos de Jesús en ese momento y a lo largo de los siglos:

> Pero cuando venga el Espíritu de verdad, él os guiará a toda la verdad; porque no hablará por su propia cuenta, sino que hablará todo lo que oyere, y os hará saber las cosas que habrán de venir. Él me glorificará; porque tomará de lo mío, y os lo hará saber. Todo lo que tiene el Padre es mío; por eso dije que tomará de lo mío, y os lo hará saber.
>
> —JUAN 16:13–15

> Pero recibiréis poder, cuando haya venido sobre vosotros el Espíritu Santo, y me seréis testigos en Jerusalén, en toda Judea, en Samaria, y hasta lo último de la tierra.
>
> —HECHOS 1:8

Como aquel que mora en nuestro corazón, el Espíritu escucha y nos susurra lo que necesitamos saber (ver Juan 16:13-14; Hechos 8:29). Como una persona completa, Él no solamente le habla a nuestro corazón, sino que podemos ignorarlo, mentirle y herirlo (ver Marcos 3:29; Hechos 5:3; Efesios 4:30). Él escudriña lo profundo de nosotros (ver 1 Corintios 2:10-11) e intercede por nosotros (ver Romanos 8:26). Y le reparte dones a la gente (ver 1 Corintios 2:11). Por estas razones, lo llamamos el Consolador (ver Juan 15:26) o el Ayudador (ver Juan 14:26).

Con todas estas características, el Espíritu Santo también figura como enteramente santo e indisputablemente una parte de la Deidad. Él ha sido llamado "Dios" específicamente (ver Hechos 5:4; 2 Corintios 3:17). El Espíritu existe por la eternidad (ver Hebreos 9:14) y es omnipresente (ver Salmos 139:7). Él ha sido llamado "Espíritu de vida" (Romanos 8:2) y "Espíritu de verdad" (Juan 16:13).

Él participó en la creación del mundo: "Y las tinieblas estaban sobre la faz del abismo, y el Espíritu de Dios se movía sobre la faz de las aguas" (Génesis 1:2). En la actualidad Él participa en la creación de una nueva vida (regeneración) (ver Juan 3:8). Y por último, pero no menos importante, Jesús fue resucitado de la muerte por el Espíritu (ver Romanos 8:11).

Para ser el miembro más comúnmente ignorado de la Trinidad estas características llenas de estrellas constituyen una enorme lista.

## EL ASOMBROSO AMOR DE DIOS

Sobre todas las cosas, este Dios tres-en-uno *ama* al mundo que ha creado y a cada persona que ha vivido en él, incluyendo a aquellos que nacerán en el futuro (ver 1 Juan 3:1).

Dios, el Padre, comprobó su amor al enviar a Jesús, su propio Hijo, para vivir y morir entre nosotros, de manera que Él pudiera enviar a su Espíritu para subrayar su amor rotundamente:

Porque de tal manera amó Dios al mundo, que ha dado a su Hijo unigénito, para que todo aquel que en él cree, no se pierda, mas tenga vida eterna.

—JUAN 3:16

En esto se mostró el amor de Dios para con nosotros, en que Dios envió a su Hijo unigénito al mundo, para que vivamos por él.

—1 JUAN 4:9

El que no escatimó ni a su propio Hijo, sino que lo entregó por todos nosotros, ¿cómo no nos dará también con él todas las cosas?

—ROMANOS 8:32

Por lo cual estoy seguro de que ni la muerte, ni la vida, ni ángeles, ni principados, ni potestades, ni lo presente, ni lo por venir, ni lo alto, ni lo profundo, ni ninguna otra cosa creada nos podrá separar del amor de Dios, que es en Cristo Jesús Señor nuestro.

—ROMANOS 8:38-39

No es de sorprenderse que en respuesta amemos a este Dios, alabándolo, obedeciéndolo y sirviéndolo con un corazón agradecido. "Porque tres son los que dan testimonio en el cielo" (1 Juan 5:7), el Padre, su Hijo Jesucristo y el Espíritu Santo.

¡El solo hecho de revisar estas verdades acerca de Dios fortalece nuestros fundamentos! ¡Únase a mí para revelar este misterio majestuoso!

¡Santo! ¡Santo! ¡Santo! Señor Omnipotente,
Siempre el labio mío loores te dará;
¡Santo! ¡Santo! ¡Santo! te adoro reverente,
Dios en tres Personas, bendita Trinidad.[1]

# 4

# EL PLAN DE DIOS PARA LA SALVACIÓN

L A PIEDRA ANGULAR de la "casa" de nuestra salvación tiene un nombre: Jesucristo (ver Marcos 12:10). Sin Él, nadie podría sobrevivir a la primera tormenta de la vida. El versículo principal de cualquier discusión acerca de la salvación, debe ser Romanos 6:23: "Porque la paga del pecado es muerte, mas la dádiva de Dios es vida eterna en Cristo Jesús Señor nuestro". El pecado tiene un precio, hay una "paga". Y la naturaleza de esa paga es absoluta: nada menos que la muerte. El costo para todas y cada una de las personas es el mismo y no hallaremos ninguna cláusula de rescisión aparte del Hijo de Dios.

*Espere*, puede estar pensando: *¿La salvación tiene un precio? Pensé que la salvación era gratuita.* Sí, lo es. Pero Alguien tuvo que comprarle a usted ese regalo, y el Comprador y Dador del regalo es Jesús. El *pecado* produce el precio inicial. Solamente la muerte puede saldarlo. La muerte de Jesús en la cruz pagó la deuda completa para todo aquel que cree en la verdad y quien acepta su Señorío.

Deseamos ser independientes de Dios. Preferimos dirigirnos a nosotros mismos. ¿Cómo debemos llamarle a nuestra actitud espiritual interna de rebeldía hacia Dios, la cual se expresa con actos externos de desobediencia? Pecado. Nuestra "configuración de fábrica" consiste completamente en pecado, a pesar de cuan "buenos" podamos parecerles a los demás. Posiblemente no cometemos lo que pensamos que son pecados graves, tales como asesinar o adulterar, pero no podemos evitar cometer pecados menores, al pasar nuestros días "haciendo lo nuestro".

Isaías lo explicó de la siguiente manera: "Mas él herido fue por nuestras rebeliones, molido por nuestros pecados; el castigo de nuestra paz fue sobre él, y por su llaga fuimos nosotros curados" (Isaías 53:6). Todos los seres humanos que han nacido son pecadores y nuestros actos de desobediencia nos alejan de la amistad con Dios. Jesucristo, el Hijo de Dios y Mesías, vino a salvarnos de nuestros pecados.

Él mismo no tuvo pecado; es la única persona en toda la historia de la cual puede afirmarse eso. Él murió en nuestro lugar para que nosotros no tuviéramos que morir por nuestros pecados. El plan del Padre para la salvación involucraba el sacrificio de su Hijo unigénito, Jesús, para que pudiera absolvernos del castigo del pecado. Más que eso, a través de su muerte y de su resurrección subsiguiente, nos proporcionó la manera de ser resucitados con Él. Él mismo es eterno y ahora podremos pasar la eternidad con Él, en lugar de que se nos prohíba entrar en su presencia y seamos relegados a todos los castigos que la muerte asigna.

Comprendo que para la mayoría de quienes están leyendo estas páginas, solamente he repasado el plan básico de salvación y que usted ha escuchado esta verdad muchas veces, tantas que puede cansarse de escucharla. Y sin embargo, estas continúan siendo buenas noticias, ¿verdad? Usted recibe las buenas nuevas solo como buenas noticias para su espíritu, su alma y su cuerpo. Incluso al escucharlas una y otra vez, las buenas nuevas conservan la chispa de vida que encendieron su corazón con amor hacia Dios.

Las buenas nuevas pueden sonar básicas y fundamentales, pero continúan siendo emocionantes y deseables. No hay nada que supere estas buenas nuevas: tenemos un boleto garantizado al cielo y además todas las promesas de su Espíritu. Nuestra visa para el destino final ha sido preaprobada y tenemos en mano nuestro pasaporte, listo para ser sellado, todo por la obra completa de la cruz de Jesús. ¡Asombroso de verdad! Una eternidad en el cielo le espera al verdadero creyente. ¡Buenas nuevas de verdad!

Solo para asegurarnos de que estamos apreciando todos los aspectos de su importantísima salvación, ahora revisemos cada parte de la historia a detalle.

## EL PECADO Y SUS CONSECUENCIAS

¿Por qué es que a Dios le interesa tanto el pecado? Si es un Dios tan amoroso, ¿por qué no puede simplemente ignorarlo?

Para responder esas preguntas necesitamos regresar a la razón por la que nos creó en primer lugar. Una de las razones principales por las que el Creador hizo seres humanos y todo lo demás, fue por su propia voluntad:

> Señor, digno eres de recibir la gloria y la honra y el poder; porque tú creaste todas las cosas, y por tu voluntad existen y fueron creadas.
>
> —APOCALIPSIS 4:11

¿"Por tu voluntad"? Sí, nosotros y todo lo que Él ha creado le da gozo. Como lo vemos en ese versículo y en muchos otros, nuestra gran función de dar gozo viene de darle gloria y honor, y alabanza a Aquel que nos creó. Al adorarle, participamos en la alabanza celestial y probamos su gozo: "Me mostrarás la senda de la vida; en tu presencia hay plenitud de gozo; delicias a tu diestra para siempre" (Salmos 16:11).

Por nosotros mismos, sin embargo, los seres humanos no estamos a la altura del objetivo original que el Creador tuvo para nosotros: "Por cuanto todos pecaron, y están destituidos de la gloria de Dios" (Romanos 3:23). Fallamos completamente en glorificar a Dios. De hecho, difícilmente podemos agradecerle con una simple actitud de gratitud (ver Romanos 1:21). Separados de su Dios, los humanos terminan envaneciéndose en sus pensamientos y entenebreciendo su corazón (ver Romanos 1:21–22).

Nuestro corazón es "engañoso" y "perverso" (Jeremías 17:9). Nuestro corazón se arrastra con el pecado. Cuando Jesús preguntó al respecto, Él mencionó a por lo menos trece males que manan del corazón humano: (1) malos pensamientos, (2) adulterios, (3) fornicaciones, (4) homicidios, (5) hurtos, (6) avaricias, (7) maldades, (8) engaño, (9) lascivia, (10) envidia, (11) maledicencia (blasfemia), (12) soberbia e (13) insensatez (ver Marcos 7:21–22).

Cualquiera de esos aspectos del pecado puede etiquetar nuestro corazón como "pecador" y uno solo es suficiente para separarnos del completamente santo Dios. Separados de nuestro Creador, Aquel que nos da vida, finalmente moriremos de hambre y de sed. La muerte es la consecuencia final del pecado (ver Romanos 5:12; 6:23; Santiago 1:15).

La muerte se convierte en la puerta de entrada, no hacia el sueño eterno o a un gran muro vacío, sino hacia al tormento. La "recompensa" para los pecadores que no se arrepientan, según la Biblia, consiste en el "lago de fuego" (Mateo 25:41 y Apocalipsis 20:12–15). A menudo, la gente no puede apreciar la seriedad de la situación, hasta que es demasiado tarde. Las consecuencias de permanecer separados de Dios son aterradoras y nuestra falta de fe probará ser nuestra perdición.

El Espíritu le habló a Juan cuando fue exiliado a la isla llamada Patmos, mencionando el estado pecaminoso que lleva a este lago real de fuego: "Pero los cobardes e incrédulos, los abominables y homicidas, los fornicarios y hechiceros, los idólatras y todos los mentirosos tendrán su parte en el lago que arde con fuego y azufre, que es la muerte segunda" (Apocalipsis 21:8). Esto nos concierne a todos.

Usted pensará que todo mundo en su sano juicio, haría lo que fuera necesario para escapar de tal futuro. ¿Por qué actuamos como si nada estuviera mal o como si fuéramos a estar exentos de ello?

La respuesta a esa pregunta es simple y muy básica: Actuamos como si nada estuviera mal, porque nuestro corazón se ha endurecido por el pecado (ver Hebreos 3:15). De hecho, el pecado tiene este efecto antes y después de la salvación. El pecado endurece el corazón humano. Parecido a una "muerte pequeña", el pecado se lleva la sensación de urgencia. Nos habla y nos miente. El escritor de Hebreos lo llama "el engaño del pecado" (Hebreos 3:13).

Cuando el pecado habla, este nos ofrece algo, un alivio temporal del dolor, un placer momentáneo. Pero no nos dice que ahora nos hemos endurecido un poco más y que somos menos propensos a acudir a Dios.

Algunas veces, incluso quienes hemos aceptado el regalo de la salvación nos endurecemos a tal punto que ya no adoramos a Dios con libertad y con fervor. Casi como si nuestro corazón se hubiera encallecido, se nos facilita creer los engaños del enemigo más de lo que creemos las buenas nuevas de Dios. Muy a menudo, la única manera en que Dios puede atraer nuestra atención es permitiéndonos sufrir. Él disciplina a aquel a quien ama (ver Hebreos 12:6). Él nos disciplina para atraer nuestra atención, de manera que podamos regresar al plan de salvación.

### Redimió la situación

Dios adoptó el papel de Redentor inicialmente para llevarnos hacia Él. Y lo adopta una y otra vez para alejarnos del borde de la destrucción.

La humanidad tenía muy poco acceso a Dios antes de que Jesús nos redimiera. No podíamos entrar en el cuarto del trono de Dios. Nuestra herencia nos esperaba, pero todavía no había manera de recibirla. Aún menos teníamos una razón para entrar en su presencia en adoración.

Por su propia iniciativa, Dios nos abrió camino para reconciliarnos con Él. La historia ha sido contada una y otra vez. El escritor del libro de Hebreos lo describe de la siguiente manera:

> Porque si la sangre de los toros y de los machos cabríos, y las cenizas de la becerra rociadas a los inmundos, santifican para la purificación de la carne, ¿cuánto más la sangre de Cristo, el cual mediante el Espíritu eterno se ofreció a sí mismo sin mancha a Dios, limpiará vuestras conciencias de obras muertas para que sirváis al Dios vivo? Así que, por eso es mediador de un nuevo pacto, para que, interviniendo muerte para la remisión

de las transgresiones que había bajo el primer pacto, los llamados reciban la promesa de la herencia eterna.

Porque donde hay testamento, es necesario que intervenga muerte del testador. Porque el testamento con la muerte se confirma; pues no es válido entre tanto que el testador vive.

De donde ni aun el primer pacto fue instituido sin sangre. Porque habiendo anunciado Moisés todos los mandamientos de la ley a todo el pueblo, tomó la sangre de los becerros y de los machos cabríos, con agua, lana escarlata e hisopo, y roció el mismo libro y también a todo el pueblo, diciendo: Esta es la sangre del pacto que Dios os ha mandado. Y además de esto, roció también con la sangre el tabernáculo y todos los vasos del ministerio. Y casi todo es purificado, según la ley, con sangre; y sin derramamiento de sangre no se hace remisión.

Fue, pues, necesario que las figuras de las cosas celestiales fuesen purificadas así; pero las cosas celestiales mismas, con mejores sacrificios que estos.

Porque no entró Cristo en el santuario hecho de mano, figura del verdadero, sino en el cielo mismo para presentarse ahora por nosotros ante Dios; y no para ofrecerse muchas veces, como entra el sumo sacerdote en el Lugar Santísimo cada año con sangre ajena. De otra manera le hubiera sido necesario padecer muchas veces desde el principio del mundo; pero ahora, en la consumación de los siglos, se presentó una vez para siempre por el sacrificio de sí mismo para quitar de en medio el pecado.

Y de la manera que está establecido para los hombres que mueran una sola vez, y después de esto el juicio, así también Cristo fue ofrecido una sola vez para llevar los pecados de muchos; y aparecerá por segunda vez, sin relación con el pecado, para salvar a los que le esperan.

—HEBREOS 9:13–28

## El propósito de la muerte y la resurrección de Cristo

Jesucristo vino a morir en nuestro lugar. Su tortura, su muerte y su subsiguiente resurrección proporcionaron una completa redención para los hombres y mujeres endurecidos por el pecado.

Jesús mismo no cometió ningún pecado. (Ver Hebreos 4:15 y 1 Pedro 2:22). Él no vino a la Tierra como un experimento para participar del desastre humano y posiblemente ver cómo se sentía ser humano; sino que vino para "para salvar a los pecadores, de los cuales yo soy el primero" (1 Timoteo 1:15). Él vino a la raza humana como uno de nosotros, aunque sin pecado. Él llamó a los hombres, a las mujeres y a los niños. Él recibió a los pecadores en Él mismo (ver Mateo 9:13 y Lucas 15:2).

Una vez que la persona responde a su llamado, reconociendo que Él es en realidad el Salvador prometido, el Mesías, esa persona es recibida en una nueva dimensión de vida. Dios-hombre, Jesús, "llevó él mismo nuestros pecados en su cuerpo sobre el madero, para que nosotros, estando muertos a los pecados, vivamos a la justicia" (1 Pedro 2:24). Él murió en la cruz para traer a la humanidad pecadora hacia Dios (ver 1 Pedro 3:18).

Esta oferta única llegó con inscripciones ilimitadas; muchas personas podían inscribirse por medio de la fe para obtener esta redención. Jesucristo fue y es el único verdadero Redentor, para siempre.

Él hizo posible que cualquiera que escuche lo que Él ha hecho y que crea en ello, pueda "darle vuelta a la página", arrepentirse del pecado, aceptar el Señorío de Jesús y caminar en una nueva vida a partir de ese momento.

Este se convirtió en el vibrante tema del Nuevo Testamento (ver 1 Corintios 15:3–4). A través del nombre de Jesús, la salvación, el arrepentimiento y la remisión de los pecados ahora les serían ofrecidos a todos los hombres y las mujeres en todas partes para siempre (ver Lucas 24:47; Hechos 4:12).

Al ver que Jesucristo está ahora vivo para siempre, habiendo vencido a la muerte y a la tumba, la gente puede estar confiada en que Él puede acercarlos a Él (ver Hebreos 7:25).

## CÓMO PODEMOS RECIBIR LA SALVACIÓN

Si hasta este punto no se le ha encendido el foco todavía, pero ahora está comenzando a "ver la luz", puede responder a esta invitación ahora mismo:

> Porque dice:
>
> En tiempo aceptable te he oído, y en día de salvación te he socorrido. He aquí ahora el tiempo aceptable; he aquí ahora el día de salvación.
>
> —2 CORINTIOS 6:2

Ahora bien, si la revelación y la convicción han estado moviendo su alma, clame a Dios y diga: "Señor, hazte real en mi vida". Dígale: "Deseo recibirte como mi Salvador personal".

La salvación, ofrecida a través de Jesucristo y solamente de Él, no se da a través de las buenas obras o de una religión específica, sino a través de la fe personal en el Señor Jesucristo. Para ser salvos, cada uno de nosotros debe alejarse de sus pecados (arrepentirse). Debemos creer que Cristo murió por nosotros y resucitó de la muerte. Para estar seguros de la salvación debemos recibir al Cristo resucitado y confesarlo públicamente como Señor (ver Juan 1:12–13). La gracia de Dios hace posible la salvación y la transacción ocurre al poner nuestra fe en la obra completada en la cruz de Jesucristo.

Las buenas obras nunca son suficientes: "Porque por gracia sois salvos por medio de la fe; y esto no de vosotros, pues es don de Dios; no por obras, para que nadie se gloríe" (Efesios 2:8–9; ver también Tito 3:4–5). Ni siquiera al guardar una parte de la Ley podemos satisfacer los requerimientos para la salvación (ver Romanos 3:20). Solamente la sangre de Jesús es lo suficientemente fuerte para remediar el pecado que nos aqueja y ensucia nuestra alma. "La sangre de Jesucristo su Hijo nos limpia de todo pecado" (1 Juan 1:7).

El arrepentimiento solamente hace la mitad del trabajo. Sí, necesitamos aceptar y confesar nuestros pecados y alejarnos de ellos o renunciar a ellos. Pero aun así, no seremos salvos si no aceptamos también el hecho de que Dios es fiel y justo para perdonar nuestros pecados y para limpiarnos de toda maldad (ver 1 Juan 1:19). En otras palabras, necesitamos *acudir* a Él al mismo tiempo que nos *alejamos* de nuestros pecados.

La palabra *confesar* significa estar de acuerdo con o hablar en voz alta. Con nuestra boca y nuestra voz confesamos a Jesús como Salvador, aceptando así lo que Dios dice acerca de nuestra condición pecaminosa y de lo que Jesús ha hecho por nosotros. En esta carta a los nuevos creyentes de Roma, el apóstol Pablo lo explica de la siguiente manera:

> Que si confesares con tu boca que Jesús es el Señor, y creyeres en tu corazón que Dios le levantó de los muertos, serás salvo. Porque con el corazón se cree para justicia, pero con la boca se confiesa para salvación.
> —ROMANOS 10:9–10

La sangre de Jesucristo es el remedio de Dios para limpiar nuestro corazón de todo pecado (ver 1 Juan 1:7). Con la invitación de Jesús, nos acercamos a Él y Él no nos echa fuera (ver Juan 6:37). De hecho, si le abrimos la puerta de nuestro corazón, su Espíritu entrará (ver Apocalipsis 3:20). Cuando lo recibimos y lo acogemos en nuestro corazón, Él trae consigo el poder que nos hace uno de los hijos adoptados de su Padre:

> Mas a todos los que le recibieron, a los que creen en su nombre, les dio potestad de ser hechos hijos de Dios; los cuales no son engendrados de sangre, ni de voluntad de carne, ni de voluntad de varón, sino de Dios.
> —JUAN 1:12–13

Nuestra vida eterna con Él comienza en el momento en que aceptamos a Jesús en nuestro corazón, esta transacción sucede instantáneamente. La vida eterna no comienza después de que muere nuestro cuerpo y nuestra alma sale para ir al cielo. No

57

necesitamos esperar tanto tiempo. Comienza ahora y continúa sin interrupción, después de que nuestro cuerpo físico muere. Dios confirma y afirma que ahora tenemos una vida eterna gracias a su Hijo: "Y este es el testimonio: que Dios nos ha dado vida eterna; y esta vida está en su Hijo" (1 Juan 5:11). Ya nadie necesita andar dudando de su estado. Nuestra salvación es un trato hecho. Podemos *saber* que somos salvos (ver 1 Juan 5:12–13).

Yo necesitaba de verdad comprender esa parte. Al crecer en la iglesia, no sé cuántas veces oré por que Jesús entrara en mi corazón, probablemente cientos de veces. Entonces leí 1 Juan 5 y me pregunté: "¿Dios escuchó mi deseo de abrirle la puerta de mi corazón e invitar a su Hijo a entrar?". Sí. ¿Entró? Bueno, no podía verlo, pero por fe, sí, Él entró. ¿Entonces tengo al hijo? Sí. ¿Tengo vida eterna? Una vez más, sí.

"El que tiene al Hijo, tiene la vida" (1 Juan 5:12). Nada es más funcional para nuestra fe que esto. Tenemos la seguridad de nuestra salvación.

## LA SALVACIÓN NOS DA PODER PARA VENCER

Una vez que ha confirmado el hecho de su salvación, usted comenzará a ver una diferencia en su vida. Recibirá algunos cambios con los brazos abiertos, mientras que otros le resultarán desafíos difíciles.

Los desafíos y los conflictos vienen en el paquete "nacido de nuevo"; sin embargo, también observará que el Espíritu de Dios le ha hecho un vencedor:

> Porque todo lo que es nacido de Dios vence al mundo; y esta es la victoria que ha vencido al mundo, nuestra fe.
> ¿Quién es el que vence al mundo, sino el que cree que Jesús es el Hijo de Dios?
>
> —1 JUAN 5:4–5

El Hijo de Dios nos da el poder para vencer al mundo y sus tentaciones, aunque a menudo eso conlleve una lucha. Podemos vencer todas las tentaciones del mundo, porque mayor es el que está en nosotros, que el que está en el mundo (ver 1 Juan 4:4).

Ahora tenemos al Huésped principal en nuestro corazón y su autoridad tiene la última palabra en todo (ver Gálatas 2:20 y Efesios 1:17). Por lo tanto, todo lo podemos en Cristo que nos fortalece (ver Filipenses 4:13). Aunque cometamos errores de vez en cuando, Él nos asirá y nos rescatará del malvado.

A medida que continúe confesando a Cristo ante los demás, Él, a cambio, confesará nuestro nombre delante de su Padre, defendiendo nuestras insuficiencias con su justicia sin mancha (ver Mateo 10:32). Aun así, tenemos libre albedrío. Nada nos forzará a continuar confesándolo como Señor, así como nadie nos forzó a rendirnos ante su Señorío en primer lugar. También tenemos la capacidad de negarlo. Y si negamos a Cristo ante la gente, Él nos negará ante su Padre también (ver Mateo 10:33). Esto nos hace pensar.

El arrepentimiento siempre está en operación, hasta nuestro último aliento. Nuestra salvación garantiza nuestra capacidad de vencer, por la sangre del Cordero (Jesús), incluso en nuestra lucha con el mundo, nuestra carne y el diablo, y nos hace querer contarles a los demás acerca de Él (ver Apocalipsis 12:11).

El plan altamente individualizado de Dios para la salvación se extiende a todos su hijos, haciéndolo también un plan colectivo. Sin él, no solamente permaneceríamos perdidos en las tinieblas de nuestros pecados, sino tampoco podríamos encontrar un propósito en la vida.

Cuando pienso acerca de las verdades fundacionales tales como el plan de salvación de Dios, ¡me enamoro de Dios otra vez! ¿Usted no?

Cristo es hecho el fundamento seguro,
Y la preciosa piedra angular;
Quien, un muro sobre otro,
Se unen, y se hacen uno;
La Santa Ayuda de Sión para siempre,
Y su confianza.
A este Templo, en donde te llamamos,

¡Ven, O Señor de los Ejércitos, hoy!
Con tu habituada bondad amorosa
Escucha a tu pueblo al orar.
Y toda tu bendición
Derramada en sus muros por siempre.

Concédeles a todos tus siervos
Lo que suplican hoy;
Poseer y sostener para siempre
Lo bueno que sus oraciones obtienen,
Y de aquí en adelante en tu gloria
Con tus benditos reinar.[1]

# 5

## EL ARREPENTIMIENTO DE OBRAS MUERTAS

DEBEMOS PROFUNDIZAR ANTES de volar! Por lo tanto, al establecer un fundamento firme, ya sea en una casa física o en una espiritual, necesitamos cavar unas cuantas capas de roca y de escombro, antes de que podamos tener un progreso real. Algunas "cosas sucias" serán expuestas en el proceso. Del lado espiritual, la excavación remueve el lodo al confesar los pecados, renunciar al pecado y arrepentirse de él. No podemos eludirlo. De hecho, debemos aprender a amar el arrepentimiento como un estilo de vida, porque es el primer paso para construir y mantener un fundamento firme para la salvación eterna.

Lejos de ser una palabra pesimista, el *arrepentimiento* expresa el mensaje principal de los profetas bíblicos, incluyendo a Juan el Bautista, así como a Jesús y sus discípulos. Ellos exhortaban a la gente que los escuchaba a arrepentirse, no porque fueran malvados, sino solamente porque el arrepentimiento es la única manera de despejar la tierra para establecer el fundamento de la fe salvadora. Nadie puede heredar la salvación, es decir, ser "salvo", de alguna otra manera.

Nadie está exento de la necesidad de arrepentirse, tampoco debemos desear estar exentos. Tenemos la elección o la opción con respecto al arrepentimiento: "Pero Dios, habiendo pasado por alto los tiempos de esta ignorancia, ahora manda

a todos los hombres en todo lugar, que se arrepientan"
(Hechos 17:30).

El arrepentimiento debe suceder antes de que la fe sea ejer-
citada (ver Hebreos 6:1). Sin arrepentimiento, nuestro corazón
se cierra a la verdadera fe. El arrepentimiento abre camino,
de manera que nuestro corazón pueda responder en fe. Dios
dice: "Arrepiéntete y cree", no: "Cree y arrepiéntete".
El arrepentimiento es muy simple, y está en el fundamento
de toda la fe.

El verdadero arrepentimiento consiste en una decisión
interna que resulta en un cambio de pensamiento. La palabra
que se traduce más comúnmente en el Antiguo Testamento
como "arrepentirse", literalmente significaba "dar vuelta",
"regresar" o "tornar", en una expresión externa de acción.
Cuando se escribió el Nuevo Testamento, el significado de
la palabra había sido expandido para enfatizar la naturaleza
interna del verdadero arrepentimiento.

## DESPEJEMOS EL TERRENO PARA
### ESTABLECER EL FUNDAMENTO

La palabra principal en el Antiguo Testamento para arrepentimiento es la palabra hebrea *shubh*, que se pronuncia "shub"
y significa una vuelta de 180 grados.

Las palabras principales en el Nuevo Testamento que han
sido traducidas como "arrepentimiento" y "arrepentirse" son
*metánoia* (sustantivo) y *metanoéo* (verbo), las cuales no se
aplican tanto al proceso físico de dar vuelta, sino a un cambio
de mente. Algunas veces observamos el verbo *epistréfo* en su
lugar, que significa "girar", "regresar" o "dar la vuelta", lo
cual tiene un sentido más similar al del Antiguo Testamento.
Algunos ejemplos:

> Bautizaba Juan en el desierto, y predicaba el bautismo
> de arrepentimiento [*metánoia*] para perdón de pecados.
> —MARCOS 1:4

> Después que Juan fue encarcelado, Jesús vino a Galilea
> predicando el evangelio del reino de Dios, diciendo: El

tiempo se ha cumplido, y el reino de Dios se ha acercado; arrepentíos [*metanoéo*], y creed en el evangelio.

—MARCOS 1:14-15

Porque será grande delante de Dios. No beberá vino ni sidra, y será lleno del Espíritu Santo, aun desde el vientre de su madre. Y hará que muchos de los hijos de Israel se conviertan [*epistréfo*] al Señor Dios de ellos.

—LUCAS 1:15-16

Así está escrito, y así fue necesario que el Cristo padeciese, y resucitase de los muertos al tercer día; y que se predicase en su nombre el arrepentimiento [*metánoia*] y el perdón de pecados en todas las naciones, comenzando desde Jerusalén.

—LUCAS 24:46-47

Pedro les dijo: Arrepentíos [*metanoéo*], y bautícese cada uno de vosotros en el nombre de Jesucristo para perdón de los pecados; y recibiréis el don del Espíritu Santo.

—HECHOS 2:38

Las instrucciones finales que Jesús les dio a sus discípulos incluían la orden de predicar la importancia y el proceso del arrepentimiento para la remisión de los pecados (ver de nuevo Lucas 24:47; ver también Mateo 18:19-20). Juan el Bautista lo había predicado, Jesús lo predicó y ahora los miembros de la Iglesia primitiva lo predicarían. A partir de entonces, en todas las reuniones de los verdaderos creyentes, se ha predicado y se predicará, porque nada establece el fundamento para construir una fe redentora como el arrepentimiento.

Juan había utilizado las palabras del profeta Isaías cuando proclamó:

Voz del que clama en el desierto: Preparad el camino del Señor, enderezad sus sendas.

—MATEO 3:3, CITANDO ISAÍAS 40:3

## CAMBIE EL ENFOQUE PERSONAL HACIA DIOS

Antes del arrepentimiento, los seres humanos tenemos un grado extraordinario de autoenfoque. Desde la caída, el egoísmo parece haberse convertido en la "configuración predeterminada" de la raza humana. Al faltarles confianza en Dios, porque no lo conocen, las personas buscan algo en qué confiar. ¿Qué encuentran? Lo más cercano en lo que uno puede poner su confianza resulta ser uno mismo, desde luego. Isaías observó esto: "Todos nosotros nos descarriamos como ovejas, cada cual se apartó por su camino" (Isaías 53:6).

⟜ El tipo de confianza (que va junto con otros sustantivos tales como orgullo, arrogancia y autosuficiencia) mantiene a la gente efectivamente desconectada de Dios, quien es la Fuente de vida. Como resultado, las actividades en que se involucra la gente no contienen el plan de Dios en ellas, porque no están conectadas a la Fuente. Por lo tanto, cualquier cosa que hagan, solamente puede ser definida como "muerta". Obras muertas. Esfuerzo perdido. Ejercicios inútiles.

⟍ Sin Dios en el centro, la gente tiende a colocarse a sí misma y a sus "asuntos" en posiciones de mayor importancia. Otro término para esto es *idolatría*. Inclinarse o doblegarse ante cualquier cosa que no sea Dios significa establecer un ídolo, ya sea adorar los sentimientos personales, a otra persona, a un proyecto o una actividad, un objeto físico o algo confuso e invisible.

⌐En la mayor parte de nuestras culturas occidentales, nuestra idolatría no consiste en adorar a pequeñas estatuas tanto como en ideología o búsqueda: humanismo, entretenimiento, deportes, educación, patriotismo, política. Tenemos todo tipo de ídolos o dioses "con d minúscula". Incluyendo a la religión. Cada ídolo tiene sus propios requerimientos y reglas.

La única manera de ser libre y tener confianza con Dios es confesar y alejarnos de nuestra idolatría pecaminosa y colocar nuestra confianza en el Dios que nos ha llamado. Esto siempre ha sucedido, incluso antes de que Jesús viniera a abrir camino para Dios. El pueblo de Israel le suplicaba a Dios diciendo: "Hemos pecado; haz tú con nosotros como bien te parezca; sólo te rogamos que nos libres en este día. Y quitaron de entre sí los dioses ajenos, y sirvieron a Jehová" (Jueces 10:15–16).

El escritor de Hebreos agregó:

> Porque si la sangre de los toros y de los machos cabríos, y las cenizas de la becerra rociadas a los inmundos, santifican para la purificación de la carne, ¿cuánto más la sangre de Cristo, el cual mediante el Espíritu eterno se ofreció a sí mismo sin mancha a Dios, limpiará vuestras conciencias de obras muertas para que sirváis al Dios vivo?
>
> —HEBREOS 9:13–14

Ahora que el camino hacia la justicia ha sido abierto por la muerte y la resurrección del Hijo de Dios, nuestra renuncia a la autoconfianza que se encuentra en el Nuevo Testamento aumenta su efectividad. (Ver, por ejemplo, Hechos 26:19–20 y 1 Tesalonicenses 1:8–9).

### La importancia del arrepentimiento

En síntesis, el arrepentimiento de obras muertas es:

- Esencial para la salvación (ver Marcos 1:15).
- Ordenado por Dios (ver hechos 17:30).
- Un regalo indiscutible de Dios (ver Hechos 11:18; 2 Timoteo 2:25).
- Una razón principal para la venida de Jesús (ver Lucas 5:32).
- Necesario para evitar la destrucción (ver Lucas 13:3, 5).
- Parte de la comisión del Señor para su pueblo (ver Lucas 24:47).
- Deseado por Dios para toda la humanidad (ver 2 Pedro 3:9).

## La definición de las obras muertas

La mayoría de nosotros no pasamos mucho tiempo evaluando si estamos llevando a cabo las cosas en nuestra propia fuerza o en la fuerza que Dios nos da. Simplemente hacemos lo mejor que podemos y esperamos lo mejor.

Valdría la pena, sin embargo, intentar considerar nuestras "obras" más profundamente; especialmente la diferencia entre las "obras muertas" y las fructíferas obras de justicia. Muchas personas se eximen a sí mismas de: "Por cuanto todos pecaron, y están destituidos de la gloria de Dios" (Romanos 3:23) y, por lo tanto, se excusan de: "Siendo justificados gratuitamente por su gracia, mediante la redención que es en Cristo Jesús" (Romanos 3:24). No creen que necesiten ser salvos. Piensan que son personas buenas, especialmente cuando se comparan con otros. ¿No son lo suficientemente buenos para entrar en el cielo? ¿Un Dios amoroso no debería hacerse de la vista gorda ante las debilidades humanas?

No, un Dios amoroso y justo, conocido por su punto de referencia de absoluta perfección, no puede aceptar la imperfección, así que ha hecho la cosa más cariñosa de todas, Él ha enviado a su propio Hijo perfecto para redimirnos y ofrecernos una alternativa: su camino o nuestros caminos.

El pecado es ir por nuestros caminos, haciendo cosas con nuestra propia fuerza e iniciativa. El pecado siempre lleva al mismo resultado final: la muerte. La ecuación ha sido reducida a una muy simple: "Porque la paga del pecado es muerte" (Romanos 6:23). Incluso las acciones más justas que usted ha llevado a cabo parecen "trapo de inmundicia" para nuestro totalmente recto Dios:

> Si bien todos nosotros somos como suciedad, y todas nuestras justicias como trapo de inmundicia; y caímos todos nosotros como la hoja, y nuestras maldades nos llevaron como viento.
>
> —Isaías 64:6

¿Qué nos hace pensar que practicar obras muertas nos hará ganar favor delante de Dios y nos dará gracia? Ningún ser humano puede exceder la bondad de nuestro Dios-hombre Jesús. Las obras de nuestras manos no harán que podamos obtener misericordia divina.[1]

Aunque los fariseos eran muy religiosos, su religiosidad no podía salvarlos. Sus obras religiosas, realizadas a través de la fuerza humana y no por la fuerza de Dios recibida por medio de la fe, hicieron que su adoración fuera un ejercicio vano (ver Marcos 7:7–9). Aún peor, sus extenuantes esfuerzos humanos provocaron que continuaran hundiéndose en la religión. Ellos acusaron a Jesús y a sus discípulos de no lavarse las manos con tanta frecuencia, mientras que ellos estaban rompiendo el cuarto mandamiento (ver Mateo 15:1–9). Simplemente no podían aceptar el hecho de que eran pecadores.

### Las obras fructíferas

La mayor parte de lo que la gente hace en su propia fuerza parece ser bueno, e incluso modesto y recto. Al menos parece ser bueno a los ojos de otras personas. Dios, sin embargo, ve por debajo de la superficie. Él mira el corazón. Él puede ver la diferencia entre los famosos "buenos frutos" que surgen de la fuerza humana y del verdadero buen fruto que surge al entregarnos como sus discípulos.

En la mayoría de los casos, las buenas obras humanas son como ganar "puntos extra" para ser aceptados en el cielo. La gente se desenvuelve tan virtuosamente como puede, como si así fuera a ganar la salvación. Por el contrario, las obras de un discípulo verdadero, inspiradas y dadas por el Espíritu Santo, simplemente representan el fruto de un corazón verdaderamente convertido.

Las obras de un discípulo manifiestan o comprueban la autenticidad de ese discípulo en particular. Las obras muestran visiblemente la fe del discípulo, probándola con las acciones correspondientes. De hecho, "la fe sin obras está muerta" (Santiago 2:26), porque "somos hechura suya, creados en Cristo Jesús para buenas obras, las cuales Dios preparó de antemano para que anduviésemos en ellas" (Efesios 2:10).

67

Las Escrituras nos animan a tener una vida fructífera: "Para que andéis como es digno del Señor, agradándole en todo, llevando fruto en toda buena obra, y creciendo en el conocimiento de Dios" (Colosenses 1:10). Como parte del discipulado que produce frutos, debemos saber que seremos podados (ver Juan 15:1–2). Pero el Maestro Jardinero solamente poda las ramas que tienen el potencial de llevar más fruto. Nuestro trabajo es siempre el mismo: permanecer cerca de Aquel que nos salvó (incluso si Él decide podarnos) y morar ahí:

Yo soy la vid verdadera, y mi Padre es el labrador. Todo pámpano que en mí no lleva fruto, lo quitará; y todo aquel que lleva fruto, lo limpiará, para que lleve más fruto. Ya vosotros estáis limpios por la palabra que os he hablado. Permaneced en mí, y yo en vosotros. Como el pámpano no puede llevar fruto por sí mismo, si no permanece en la vid, así tampoco vosotros, si no permanecéis en mí.

Yo soy la vid, vosotros los pámpanos; el que permanece en mí, y yo en él, éste lleva mucho fruto; porque separados de mí nada podéis hacer. El que en mí no permanece, será echado fuera como pámpano, y se secará; y los recogen, y los echan en el fuego, y arden. Si permanecéis en mí, y mis palabras permanecen en vosotros, pedid todo lo que queréis, y os será hecho. En esto es glorificado mi Padre, en que llevéis mucho fruto, y seáis así mis discípulos.

—JUAN 15:1–8

## CÓMO LLEGAR DESDE AQUÍ

En la historia del juez rico (ver Marcos 10:17–31), los discípulos se dieron cuenta de que los requerimientos del Señor para entrar en su Reino parecían ser insuperablemente enormes. "Ellos se asombraban aun más, diciendo entre sí: ¿Quién, pues, podrá ser salvo?" (Marcos 10:26).

Jesús respondió: "Para los hombres es imposible, mas para

Dios, no; porque todas las cosas son posibles para Dios" (Marcos 10:27).

El Espíritu de Dios habita en nuestro corazón para permitirnos responder al evangelio del Reino con una total despreocupación. Él hace posible que podamos cumplir los requerimientos del verdadero arrepentimiento divino, que son los siguientes:

• La tristeza según Dios (ver 2 Corintios 7:9–10): La pena divina de David (ver Salmos 32:3–5) y de Pedro (ver Lucas 22:62) trajo un verdadero arrepentimiento, pero la tristeza humana de Esaú (ver Hebreos 12:17) y de Judas (ver Mateo 27:3–5) no.

• Autoexaminación: Al atrevernos a examinarnos a nosotros mismos, sacamos a la luz nuestra pecaminosidad (ver Salmos 139:23–24; Jeremías 17:9; Lamentaciones 3:40).

• La confesión a Dios: Primero que nada, le hablamos a Dios acerca de nuestros pecados, porque "Si confesamos nuestros pecados, él es fiel y justo para perdonar nuestros pecados, y limpiarnos de toda maldad" (1 Juan 1:9; ver también Proverbios 28:13).

• La confesión pública: No subestime la importancia de la confesión pública: "Que si confesares con tu boca que Jesús es el Señor, y creyeres en tu corazón que Dios le levantó de los muertos, serás salvo. Porque con el corazón se cree para justicia, pero con la boca se confiesa para salvación" (Romanos 10:9–10; ver también Hechos 19:18). La confesión pública abre camino a la sanidad (ver Santiago 5:16) y al don del Espíritu Santo (ver Hechos 2:38).

• Renunciar al pecado: Rechazar al pecado puede parecer difícil al principio; sin embargo, siempre genera en bendiciones ilimitadas (ver Hechos 19:19; Proverbios 28:13; 2 Corintios 5:15).

- Reconciliación: Dios espera que hagamos el esfuerzo de reconciliarnos con aquellos que han hecho algo contra nosotros (ver Mateo 5:23–24).

- Restitución: Dios aprueba la restitución (dar de vuelta lo que ha sido tomado ilegítimamente) tanto en el Antiguo Testamento (ver Ezequiel 33:14–15), como en el Nuevo Testamento (ver Lucas 19:8–9, la historia de Zaqueo).

- Buenas obras: Como lo declaró el apóstol Pablo al Rey Agripa: "Por lo cual, oh rey Agripa, no fui rebelde a la visión celestial, sino que anuncié primeramente a los que están en Damasco, y Jerusalén, y por toda la tierra de Judea, y a los gentiles, que se arrepintiesen y se convirtiesen a Dios, haciendo obras dignas de arrepentimiento" (Hebreos 26:19–20, énfasis añadido; ver también Daniel 4:27; Lucas 3:7–14).

Podemos asumir un verdadero arrepentimiento, solamente porque Dios tomó la iniciativa primero, al enviar a Jesús:

El Dios de nuestros padres levantó a Jesús, a quien vosotros matasteis colgándole en un madero. A éste, Dios ha exaltado con su diestra por Príncipe y Salvador, para dar a Israel arrepentimiento y perdón de pecados.
—Hechos 5:30–31

Resulta que Dios nos ha dado el regalo del arrepentimiento como una manera de salir de las tinieblas del pecado. Este regalo excede el valor de un tesoro monetario. Con un verdadero arrepentimiento podemos comprar nuestro "boleto" a la plenitud de la vida.

Ven, alma, encuentra tu descanso,
No te aflijas más;
Ven al regazo de tu Salvador;
Oh, no te alejes.

Ven con tu carga de pecado,
Cristo murió para tu alma ganar;
Ahora Él te tomará;
Oh, no te alejes.

Ven, oh te rogamos, ven,
Ven y no deambules más;
Ven ahora y parte a casa,
Oh, no te alejes.[2]

# 6

## LA DEFINICIÓN DE LA GRACIA

AL CONSTRUIR SOBRE el fundamento "excavado" del arrepentimiento que cambia la vida, todo aquel que cree en Jesús como Salvador y Señor puede pasar a una vida llena de la gracia sobreabundante de Dios. Después de que sus pecados son lavados por la sangre de Jesús, un creyente recibe con gratitud la revelación que viene solamente por gracia. ¡*Podemos* construir un rascacielos sobre este tipo de fundamento! Con la mirada hacia el cielo, nuestro corazón y nuestra boca desbordan de alabanzas a nuestro Señor y Rey. El arrepentimiento nos ha llevado a la gracia de la salvación.

Miremos una nueva perspectiva de la conexión entre el arrepentimiento del pecado y la gracia al leer estos pasajes familiares de la Escritura:

> Y él os dio vida a vosotros, cuando estabais muertos en vuestros delitos y pecados, en los cuales anduvisteis en otro tiempo, siguiendo la corriente de este mundo [...] Pero Dios, que es rico en misericordia, por su gran amor con que nos amó, aun estando nosotros muertos en pecados, nos dio vida juntamente con Cristo (*por gracia sois salvos*) [...] Porque *por gracia sois salvos por medio de la fe*; y esto no de vosotros, pues es don de Dios.
> —EFESIOS 2:1–2, 4–5, 8, ÉNFASIS AÑADIDO

> A todos los que le recibieron, a los que creen en su nombre, les dio potestad de ser hechos hijos de Dios; los

cuales no son engendrados de sangre, ni de voluntad de carne, ni de voluntad de varón, sino de Dios.

Y aquel Verbo fue hecho carne, y habitó entre nosotros (y vimos su gloria, gloria como del unigénito del Padre), *lleno de gracia y de verdad.* Porque *de su plenitud tomamos todos, y gracia sobre gracia.* Pues la ley por medio de Moisés fue dada, pero *la gracia y la verdad vinieron por medio de Jesucristo.*

—JUAN 1:12–14, 16–17, ÉNFASIS AÑADIDO

## PLENITUD DE GRACIA Y DE VERDAD

Unos versículos antes, al principio del mismo capítulo del libro de Juan, leemos que "el Verbo" que se hizo carne existía con Dios antes de que el mundo fuera creado:

En el principio era el Verbo, y el Verbo era con Dios, y el Verbo era Dios. Este era en el principio con Dios. Todas las cosas por él fueron hechas, y sin él nada de lo que ha sido hecho, fue hecho. En él estaba la vida, y la vida era la luz de los hombres.

—JUAN 1:1–4

El Verbo es Jesús. A través de Él, Aquel que era "lleno de gracia y de verdad", la gracia y la verdad fueron reales.

¿Reconoce la lógica? Primero la gracia. Después la verdad. Dios desea que su pueblo posea verdad en su ser interior, pero eso solamente puede suceder a través de su don de gracia (el cual a la vez, solamente puede suceder a través de su don de arrepentimiento). Nadie puede encontrar la verdad o vivir en verdad separado de la gracia.

La verdad consiste en más que un sistema de creencias, la verdad es una persona, específicamente, Jesús mismo: "Yo soy el camino, y *la verdad*, y la vida; nadie viene al Padre, sino por mí" (Juan 14:6, énfasis añadido). Y solamente un corazón arrepentido, despojado de su importancia personal, puede recibir la gracia que lleva a la verdad.

## La gracia, de principio a fin

En el Nuevo Testamento solamente, encontramos esta palabra *gracia* utilizada 150 veces, principalmente en las 21 epístolas (cartas), la mayoría de las cuales fueron escritas por el apóstol Pablo. *Gracia*, de hecho, era una de las palabras favoritas de Pablo:

> Y al último de todos, como a un abortivo, me apareció a mí. Porque yo soy el más pequeño de los apóstoles, que no soy digno de ser llamado apóstol, porque perseguí a la iglesia de Dios. Pero por la *gracia* de Dios soy lo que soy; y su gracia no ha sido en vano para conmigo, antes he trabajado más que todos ellos; pero no yo, sino la *gracia* de Dios conmigo.
>
> —1 CORINTIOS 15:8–10, ÉNFASIS AÑADIDO

La palabra *gracia* a menudo aparece en los saludos introductorios de las epístolas: "Gracia y paz sean a ustedes". Es igualmente una conclusión, como: "la gracia de Dios sea con vosotros". Mucho más que una formalidad, la frecuencia con la que aparece la palabra, nos indica a los creyentes que no solamente debemos comenzar con la gracia, sino también debemos terminar con ella.

En el Nuevo Testamento, dos palabras griegas similares se traducen como la palabra *gracia*. *Charis* significa gracia en general, mientras que *charisma* indica una gracia específica manifestada, como un regalo. Cuando utilizamos el plural de *carisma*, la palabra se convierte en *charismata*, de la cual deriva la palabra "carismático".

La palabra *gracia* incorpora también un sentido de atracción o de belleza. Si llamamos a alguien "digno de gracia", normalmente queremos decir que la persona se mueve o se comporta con elegancia y encanto. Este significado del mundo puede encontrarse en los términos hebreos del Antiguo Testamento, *kjen* y *ratsón*, los cuales connotan agrado, atracción y favor. De esta manera: "Noé halló gracia [*kjen*, favor] ante los ojos de Jehová" (Génesis 6:8).

El vínculo entre los significados en hebreo y en el griego

bíblico son evidentes, porque cualquiera que manifieste la gracia de Dios, le parecerá atractivo a los demás. Habiendo hallado favor primero con Dios, una persona llena de gracia halla favor delante de los demás. Si tenemos la verdad sin la gracia, no atraeremos a nadie con nuestro mensaje. La religión puede estar llena de verdad, pero si le falta la gracia, es agria y difícil de digerir.

Los escritores de las epístolas que bendicen a quienes los escuchan y a los lectores, al comenzar y terminar con saludos de gracia y de paz, encontraron su precedente en un saludo del Antiguo Testamento: "Jehová te bendiga, y te guarde; Jehová haga resplandecer su rostro sobre ti, y tenga de ti misericordia; Jehová alce sobre ti su rostro, y ponga en ti paz" (Números 6:24–26). ¿De dónde nos dice esto que provienen esta gracia y esta paz? Del rostro o del semblante del Señor Dios. En otras palabras, cuando estamos delante de su rostro (en su presencia), recibimos su gracia y su paz.

La gracia precede a la paz, siempre. Sin la gracia de Dios, la paz no puede venir.

## LA GRACIA CONTRA LAS OBRAS

En capítulos anteriores, hemos hablado de las "obras": buenas obras, obras muertas y obras fructíferas. ¿La gente puede ganarse el favor de Dios con sus acciones o con sus obras? No en absoluto. Ninguna de nuestras obras, ni siquiera las mejores, son lo suficientemente buenas. Solamente por la gracia que Jesús nos da, podemos acercarnos a la presencia de Dios.

Todo lo que podemos ganar, por definición, *no* es gracia. La gracia es gratuita. No puede ganarse. El apóstol Pablo, quien siempre reconoce su propia necesidad de la gracia, lo describió más de una vez en sus cartas:

Porque por gracia sois salvos por medio de la fe; y esto no de vosotros, pues es don de Dios; no por obras, para que nadie se gloríe.

—Efesios 2:8–9

Así también aun en este tiempo ha quedado un remanente escogido por gracia. Y si por gracia, ya no es por obras;

de otra manera la gracia ya no es gracia. Y si por obras,
ya no es gracia; de otra manera la obra ya no es obra.

—ROMANOS 11:5–6

De todas, las personas religiosas son quienes tienen más
problemas con esta dinámica. Ellos prefieren hacer rechinar
sus dientes y que les cueste la gracia de Dios a través de reglas
y leyes. Siempre parecen desear asegurarse de que quienes los
rodean sepan que no existen almuerzos gratuitos en el Reino
de Dios.

¡Creo que no estamos de acuerdo! Jesús ya pagó por ello,
de manera que no nos cuesta nada a nosotros. Por gracia
hemos sido salvos, no con base en nuestro desempeño.

Un consejo: Cuando pida o dé un consejo, asegúrese de
pedir gracia, no justicia. La justicia normalmente lleva al castigo. Si todos obtuviéramos justicia en términos de la salvación, todos seríamos condenados al infierno. En su gracia
misericordiosa, Dios ha salvado a los auténticos creyentes en
Jesús de su propia justicia.

Sus leyes son inmutables. Pero Jesucristo, el Hijo unigénito de
Dios el Padre, nació para convertirse en el fin de la ley, y Aquel
que ha cumplido sus requerimientos: "Porque el fin de la ley es
Cristo, para justicia a todo aquel que cree" (Romanos 10:4).

¿Eso quiere decir que debemos descartar el Antiguo Testamento? No, la misma ley permanece en plena fuerza. A través
de ella comprendemos los estándares de justicia de Dios. La
ley nos permite reconocer nuestra pecaminosidad. Jesús no
le puso fin a la ley misma, cancelándola. En cambio, Jesús
la cumplió. Por ello decimos que Él es el fin o el cumplimiento de la ley para justicia. Como lo dice la Nueva Traducción Viviente: "Cristo ya cumplió el propósito por el cual se
entregó la ley. Como resultado, a todos los que creen en él se
les declara justos a los ojos de Dios".

## LOS TRES REQUERIMIENTOS PARA LA GRACIA

De manera que si no nos ganamos la gracia por nuestras buenas
obras llevadas a cabo en nuestra fuerza humana, ¿cómo es que

podemos llegar a un estado de plena gracia que aparentemente precede a todos los beneficios de la salvación? Observo tres requerimientos para recibir la gracia de Dios. Estos le resultarán conocidos:

1. *Humíllese*. Observe la orientación de la afirmación: "Humíllese". *No* dice: "Espere a que Dios le humille", ni: "Deje que Dios le humille". Dios nos ofrecerá oportunidades para que nos humillemos y entonces retrocederá, esperando a que decidamos nosotros mismos ceder nuestro orgullo, nuestra arrogancia, nuestra necia autosuficiencia. Cuando nos humillamos, enviamos la señal de que lo necesitamos. Admitimos que no podemos lograrlo sin Él. De esa manera, humillarnos se traduce en una forma de arrepentimiento. La gracia remedia el pecado, en lugar de cubrirlo, y el arrepentimiento se convierte en la botella de la cual debemos beber de la gracia: "Igualmente, jóvenes, estad sujetos a los ancianos; y todos, sumisos unos a otros, revestíos de humildad; porque: Dios resiste a los soberbios, y da gracia a los humildes" (1 Pedro 5:5, citando Proverbios 3:34; ver también Santiago 4:6–7).

Entre más envejezco —y he aprendido que esto es verdad para todos en general— es cada vez más fácil humillarme. Posiblemente no tenga mucho qué probar. O posiblemente haya desarrollado una mejor apreciación de la manera en que funciona la gracia.

2. *Deje de trabajar y crea*. No, no estoy diciendo que renuncie a su empleo y que viva solamente por fe. El tema aquí es la gracia. Deje de trabajar para ganársela.

Debido a que cada persona apartada de Cristo recibe su recompensa justa, que es la muerte (ver Romanos 6:23), necesitamos dejar de trabajar para esa paga y, en lugar de ello, recibir las recompensas de la gracia. Para tal cosa, necesitaremos operar en un tipo diferente de economía. La Biblia lo explica de esta manera:

> ¿Qué, pues, diremos que halló Abraham, nuestro padre según la carne? Porque si Abraham fue justificado por las obras, tiene de qué gloriarse, pero no para con Dios.

Porque ¿qué dice la Escritura? Creyó Abraham a Dios, y le fue contado por justicia. Pero al que obra, no se le cuenta el salario como gracia, sino como deuda; mas al que no obra, sino cree en aquel que justifica al impío, su fe le es contada por justicia.

—ROMANOS 4:1-5

La paga no es considerada como un regalo o un favor, pero la gracia sí. Merecemos la paga, porque la hemos ganado. Pero si la paga del pecado es la muerte, no deseamos ese tipo de justicia. Deseamos favor con el Único que pude liberarnos de la muerte. El Señor Jesús nos da una línea de crédito que podemos utilizar para siempre.

Yo la llamo la Master's Card [la Tarjeta del Maestro]. Con ella, podemos recibir una alta justicia.

3. *Reciba más de Cristo.* Toda la gracia emana de Jesucristo. Recibiremos gracia al grado en que deseemos y recibamos a Cristo (ver de nuevo Juan 1:12, 17).

No me refiero solamente a recibir a Cristo cuando nacemos de nuevo, aunque eso está incluido. Me refiero a la experiencia diaria de humillarse, decidiendo confiar en Él y recibir su gracia. No necesitará hacer la oración del pecador muchas veces, pero necesitará recibir gracia muchas, muchas veces.

Juan el Bautista dijo: "Es necesario que él crezca, pero que yo mengüe" (Juan 3:30). Como Juan el Bautista, nosotros también necesitamos menguar el espacio que ocupa nuestro yo, de manera que tengamos más espacio en nuestra "casa" para Él.

## LOS BENEFICIOS DE LA GRACIA

Como lo mencioné anteriormente, las palabras hebreas para favor y para gracia, se utilizan a menudo indistintamente. Podemos verlo en los Salmos:

Porque tú, oh Jehová, bendecirás al justo; como con un escudo lo rodearás de tu *favor*.

—SALMOS 5:12, ÉNFASIS AÑADIDO

Porque sol y escudo es Jehová Dios;
*Gracia* y gloria dará Jehová.

No quitará el bien a los que andan en integridad.

—SALMOS 84:11, ÉNFASIS AÑADIDO

La gracia y el favor son escudo de quien habla con Dios. Estos proporcionan una gran parte del armamento de los creyentes y de su protección.

La gracia y el favor pueden compararse con una nube, llena de lluvia tardía: "En la alegría del rostro del rey está la vida, y su benevolencia es como nube de lluvia tardía" (Proverbios 16:15).

La gracia instruirá y enseñará a todas las personas que reciban de ella. La gracia es nuestro tutor, a semejanza de nuestro Maestro o Rabí, Jesús, cuya gracia nos enseña a caminar en la luz de Dios:

> Porque la gracia de Dios se ha manifestado para salvación a todos los hombres, enseñándonos que, renunciando a la impiedad y a los deseos mundanos, vivamos en este siglo sobria, justa y piadosamente, aguardando la esperanza bienaventurada y la manifestación gloriosa de nuestro gran Dios y Salvador Jesucristo, quien se dio a sí mismo por nosotros para redimirnos de toda iniquidad y purificar para sí un pueblo propio, celoso de buenas obras.
>
> —TITO 2:11–14

Podemos resumir los muchos beneficios de la gracia en una sola frase: Su gracia es suficiente. El apóstol Pablo lo escuchó directamente de Dios y comprobó su veracidad una y otra vez: "Y me ha dicho: Bástate mi gracia; porque mi poder se perfecciona en la debilidad. Por tanto, de buena gana me gloriaré más bien en mis debilidades, para que repose sobre mí el poder de Cristo" (2 Corintios 12:9). Su gracia es suficiente, cubre toda mis debilidades.

Habiendo crecido en una casa metodista, en donde se enfatizaban el desempeño y las obras, más que la gracia, yo no aprecié los beneficios de la gracia durante años. Pero luego —tan conservadoramente moral como yo era— me encontré a mí mismo en medio del Jesus Movement (el Movimiento de Jesús), al que muchos de la generación del "amor libre" fueron atraídos. Muchas de estas personas del Movimiento de Jesús eran radicales en su fe y acababan de salir de las drogas y de dejar otras sustancias, y yo estaba impactado. Pero fue una de las mejores cosas que le pudo haber sucedido a este metodista de Misuri.

Yo no podía comprender a estos chicos. Algunos de ellos todavía tenían los dedos manchados por la nicotina y el cabello andrajoso. En lugar de himnos, ellos cantaban canciones, algunas veces desafinadas, acerca de mirar a Jesús en lugar de hundir en sus penas en alguna botella extraña. ¡A mí me costó un poco entenderlo, habiendo crecido como cantante formal de coro!

El primer hombre que me discipuló de joven, había sido salvo de todo lo imaginable. Lo había hecho todo. Él representaba a la Gente de Jesús. Pero su pasado torcido no importaba. Cuando hablaba en público el favor de Dios fluía a través de sus palabras y todo tipo de gente era salva y liberada por el toque sobrenatural de Dios. Él no tenía que ganarse el favor con puntos extra, era un regalo de gracia.

La cultura de la gracia del Movimiento de Jesús creó un impacto cultural en mí. Mis nuevos amigos oraban por los enfermos y estos eran sanados. Echaban fuera demonios y oraban en el Espíritu en nuevas lenguas llamadas el don de lenguas. Después de un tiempo, yo me quejé con Dios: "No es justo. He pasado toda mi vida siendo bueno y no entiendo este tipo de resultados".

Al final, el Señor me dijo: *Bueno, ¿deseas lo que es justo?* Yo sabía lo que eso significaba. ¿Deseaba recibir un tratamiento justo? Tampoco lo merecía. Así que este grupo de gente andrajosa resultó ser uno de los primeros regalos del Señor para mi vida. A través de ellos comencé a aprender más acerca de esto que llamamos gracia. Ellos tenían una pasión increíble por Dios y una total comprensión de la revelación de la gracia. Ante mis ojos vi la verdad ilustrada, cuando dice que aquel a quien se le perdonó mucho, mucho ama (ver Lucas 7:47). Después de recibir el perdón por mi actitud santurrona, entre otras cosas, dejé de ser tan religioso y me llené más de gracia.

Gracia, gracia: una medicina para el alma cansada y, oh, ¡qué alivio! La salvación y todos los aspectos del evangelio del Reino brillan con esta cosa maravillosa llamada *gracia*.

## No podemos ganarnos la gracia

Una vez tuve un sueño corto y vívido. En mi sueño, la voz del Espíritu Santo me decía: "¡Nunca eres tan viejo para el Sermón del Monte!". Usted y yo tenemos la oportunidad de ser como Jesús en carácter y en actos de poder, a través del increíble regalo de la grande gracia. La gracia es un regalo, no podemos ganarla, sin importar lo que hagamos.

El regalo de la gracia de Dios representa la clave del éxito del apóstol Pablo. Él sabía que nunca pudo habérsela ganado. De hecho, él descubrió el secreto: la única manera de caminar en gracia requiere hacerse tan pobre que no se pueda pagar por ella. El apóstol Pablo se convirtió en uno de los "pobres en espíritu" que su Señor Jesús había alabado como "bienaventurados" en su Sermón del Monte (Mateo 5:3).

El apóstol Pablo no rechazó el regalo cuando se le ofreció:

> Que los gentiles son coherederos y miembros del mismo cuerpo, y copartícipes de la promesa en Cristo Jesús por medio del evangelio, del cual yo fui hecho ministro por el don de la gracia de Dios que me ha sido dado según la operación de su poder. A mí, que soy menos que el más pequeño de todos los santos, me fue dada esta gracia de anunciar entre los gentiles el evangelio de las inescrutables riquezas de Cristo.
>
> —Efesios 3:6–8

Él hizo una afirmación sincera de sí mismo y llegó a la conclusión de que era "el más pequeño de todos los santos". Como resultado, recibió bendición sin medida. Recibió el honor de servir como el que ministró esa gracia a quienes no la merecían, particularmente a los gentiles. Él y aquellos a quienes ministró no estaban necesariamente golpeados por la pobreza. En cambio, eran pobres en *espíritu*, lo cual les trajo una revelación de su dependencia de Dios.

Un gran fruto resultó de la vida del apóstol Pablo al ministrar en y a través del regalo de la gracia de Dios: "Pero por la gracia de Dios soy lo que soy; y su gracia no ha sido en vano para conmigo, antes he trabajado más que todos ellos; pero no yo, sino la gracia de Dios conmigo" (1 Corintios 15:10).

## ¿Qué podemos hacer con la gracia?

Abra su Biblia y un día comience a buscar los verbos de acción que estén asociados con la gracia y el favor de Dios, especialmente las acciones de quienes recibieron gracia. ¿Qué se supone que debemos hacer con la gracia que hemos recibido?

*Recibir* gracia. Para los principiantes: dé un paso con audacia y reciba el mensaje completo de la gracia que le ha sido asignado por Jesús mismo:

> Por tanto, teniendo un gran sumo sacerdote que traspasó los cielos, Jesús el Hijo de Dios, retengamos nuestra profesión. Porque no tenemos un sumo sacerdote que no pueda compadecerse de nuestras debilidades, sino uno que fue tentado en todo según nuestra semejanza, pero sin pecado.
>
> Acerquémonos, pues, confiadamente al trono de la gracia, para alcanzar misericordia y hallar gracia para el oportuno socorro.
>
> —Hebreos 4:14–16

El apóstol Pablo escribió: "Pero a cada uno de nosotros fue dada la gracia conforme a la medida del don de Cristo" (Efesios 4:7). Todo don que haya recibido, viene de la gracia. ¿Es usted un apóstol como Pablo? Solamente la gracia lo ha hecho posible. Si usted tiene un don de ayuda, la gracia le permite ejercer ese don. Si usted anima como Bernabé, la gracia inspira las palabras de ánimo y de exhortación que da. Si usted tiene una carga de intercesión, sabe que los "adornos de gracia" (como solía llamarles el fallecido John Wimber, líder del movimiento La Viña) son su ornamento.

No podemos llamarnos a una tarea o un don específico nosotros mismos, pero podemos ayudar a mostrar que somos obreros aprobados bajo la gracia de Dios (ver 2 Timoteo 2:15). Y, finalmente, la voluntad de Dios nunca lo llevará a donde la gracia no lo alcance.

Podemos *hablar* gracia:

> Ninguna palabra corrompida salga de vuestra boca, sino la que sea buena para la necesaria edificación, a fin de dar gracia a los oyentes.
>
> Y no contristéis al Espíritu Santo de Dios, con el cual fuisteis sellados para el día de la redención. Quítense de vosotros toda amargura, enojo, ira, gritería y maledicencia, y toda malicia. Antes sed benignos unos con otros, misericordiosos, perdonándoos unos a otros, como Dios también os perdonó a vosotros en Cristo.
>
> —EFESIOS 4:29–32

Podemos *orar* por gracia:

> Y derramaré sobre la casa de David, y sobre los moradores de Jerusalén, espíritu de gracia y de oración; y mirarán a mí, a quien traspasaron, y llorarán como se llora por hijo unigénito, afligiéndose por él como quien se aflige por el primogénito.
>
> —ZACARÍAS 12:10

¡Puede *clamar* por gracia!

> Entonces respondió y me habló diciendo: Esta es palabra de Jehová a Zorobabel, que dice: No con ejército, ni con fuerza, sino con mi Espíritu, ha dicho Jehová de los ejércitos.
>
> ¿Quién eres tú, oh gran monte? Delante de Zorobabel serás reducido a llanura; él sacará la primera piedra con aclamaciones de: Gracia, gracia a ella.
>
> —ZACARÍAS 4:6–7

Ya sea que la reciba o la dé, la gracia es y siempre será parte del fundamento firme de una vida de fe. Nunca lo olvide.

Oh, cuánto amo a Jesús y su asombroso regalo de la gracia.

Sublime gracia del Señor
Que a mí pecador salvó;
Fui ciego mas hoy miro yo
Perdido y él me amó.

En los peligros o aflicción
Que yo he tenido aquí
Su gracia siempre me libró
Y me guiará feliz.

Su gracia me enseñó a temer
Mis dudas ahuyentó
Oh, cuán precioso fue a mi ser
Al dar mi corazón.[1]

# 7

# UNA FE QUE TRANSFORMA

L A FE CONFÍA, transforma y vigoriza todo aquello que toca. De hecho, cada uno de nosotros contiene un mecanismo de confianza. Ni siquiera tenemos que pensar en poner nuestra confianza en las cosas que están dentro o más allá de nosotros.

Piense, por ejemplo, en nuestra confianza en la ley de la gravedad, junto con las leyes de la aerodinámica, que les permiten a los pilotos mantener sus aviones en el aire. No necesito entender la física para confiar lo suficiente y volar a destinos alejados. Simplemente confío en que funcionará. ¿Cómo llamamos a este tipo de confianza constante y permanente en algo? La llamamos "fe". Podemos decir que tengo una confianza constante y total para viajar en avión. Tengo fe en eso.

Podemos, naturalmente, perder nuestra confianza. Pueden suceder desilusiones e incluso desastres que comprueban que nuestra confianza y nuestra fe no garantizan el éxito. En años anteriores, mi fe fue probada al haber pasado por varias pruebas, retrocesos en mi propia salud y la pérdida de mi esposa, Michal Ann, debido al cáncer de mama. Pero, en conclusión, confío en el Señor con todo mi corazón y elijo no confiar en mi propia prudencia (Proverbios 3:5). He sido un hombre de fe y continuaré viviendo con todo mi corazón para el Señor. Puedo confiar todo lo que quiera en mis sentimientos, en mis circunstancias, en las leyes de la física o en los demás seres humanos; pero el único tipo de fe con una garantía añadida, es la fe en el Dios de Abraham, de Isaac y de Jacob.

La fe en Dios nos da la capacidad de creer en su palabra y de apropiárnosla para nuestra vida. La fe, la cual viene después de arrepentirnos de nuestra autoconfianza, no depende de la adquisición de información o de una experiencia previa, porque se origina en nuestro corazón y en nuestro espíritu, en lugar de hacerlo en nuestra mente. Por fe, permanecemos conectados con la Fuente de vida.

La Palabra nos dice, por lo tanto, que "sin fe es imposible agradar a Dios; porque es necesario que el que se acerca a Dios crea que le hay, y que es galardonador de los que le buscan" (Hebreos 11:6). Como nuestro Padre amoroso, Dios desea grandemente compartir su vida con nosotros. Sin fe, no podemos responder a su invitación, la cual es otra manera de decir que sin fe, no podemos agradarle. Sin fe, no tenemos los medios para responderle.

Podemos creer y tener fe en Dios, por quien es Él. Su Palabra es verdadera y Él mismo es totalmente incapaz de mentir. Él es digno de confianza en el sentido más genuino de la palabra. Cualquiera que pone toda su confianza en Él, no será decepcionado. ¡Eso nos incluye a usted y a mí!

## LA FE, UNA SUSTANCIA REAL

Me gusta la descripción basada en las Escrituras de Derek Prince acerca de la fe, porque aclara y expande mi comprensión al respecto. En su colección de enseñanzas titulada *El manual del cristiano lleno del Espíritu, fundamentos bíblicos para la vida cristiana,* Derek escribe:

> *Fe* es una de las pocas palabras que contienen una definición en la Biblia. La definición se encuentra en Hebreos 11:1.
>
> Es, pues, la fe la certeza de lo que se espera, la convicción de lo que no se ve.
>
> Este versículo también puede ser traducido como: "Es, pues, la fe el terreno o la confianza de lo que se espera, una creencia segura o convicción de lo que no se ve" [...]
>
> La fe es un estado del corazón, que produce en

nosotros aquí y ahora, algo real que puede ser descrito con la palabra *sustancia* [...]

Mucha gente lleva a cabo una profesión de fe en Cristo y en la Biblia, pero su fe se encuentra solamente en el plano de la mente. Es una aceptación intelectual de algunos hechos y doctrinas. Esta no es una fe verdadera basada en las Escrituras, y no produce ningún cambio vital en la vida de quienes la profesan.

Por otro lado, la fe del corazón siempre produce un cambio definitivo en aquellos que la profesan. Cuando se asocia con el corazón, el verbo "creer" se convierte en un verbo de movimiento...

No basta con creer "en" Cristo con una simple aceptación de los hechos de su vida y de las verdades de su enseñanza. Debemos Creerle "a" Cristo [la preposición griega que se utiliza en la Biblia], debemos dejar nuestra fe en nosotros mismos y confiar sinceramente en Cristo, salir del pecado y entrar en su justicia, salir de nuestras debilidades y entrar en su poder, salir de nuestra derrota y entrar en su victoria, salir de nuestras limitaciones y entrar en su omnipotencia. Esta fe escritural del corazón, siempre produce un cambio...[y] el resultado es siempre algo definitivo, que se experimenta aquí y ahora, no algo que simplemente esperamos en el futuro.[1]

## La fe es prueba de la esperanza

La fe no es lo mismo que la esperanza, aunque la fe puede probar la validez de la esperanza. La verdadera fe existe en tiempo presente, mientras que la esperanza concierne al futuro. La fe no se aplica al pasado, tampoco se aplica al mañana. La fe es ahora. La verdadera fe, claro está. Muchos de nosotros estamos viviendo en el humo del ayer, que se alimenta del testimonio de la fidelidad de Dios en el pasado. O vivimos con esperanza, deseando el mejor resultado en el futuro. Aunque esto sea muy común, no debemos llamarlo fe.

El versículo de la cita anterior de Derek Prince, Hebreos 11:1 ("Es, pues, la fe la certeza de lo que se espera, la convicción de lo que no se ve"), pertenece a la versión Reina Valera 1960. Otras traducciones expanden la idea de que la fe prueba el momento presente de la realidad que no vemos, que se espera en el futuro:

> La fe es la confianza de que en verdad sucederá lo que esperamos; es lo que nos da la certeza de las cosas que no podemos ver.
>
> —Hebreos 11:1, NTV

> Ahora bien, la fe es la garantía de lo que se espera, la certeza de lo que no se ve.
>
> —Hebreos 11:1, NVI

Las palabras utilizadas en la Biblia para fe, han sido traducidas del sustantivo griego *pístis* y del verbo *pisteúo*. Los matices de su significado incluyen creencia, fidelidad, confiabilidad, confianza, confidencia, opinión firme, seguridad o convicción firme. "Seguridad" en griego es la misma palabra utilizada para "realidad" o "ser verdadero" (a diferencia de lo que parece ser simplemente), y además para "realización" de algo, tal como de un plan.

La fe, en otras palabras, representa una seguridad definitiva de las promesas de Dios, como al tener un título de propiedad. La fe, como un contrato, afirma inequívocamente: "Esto es tuyo. Tú posees esto".

La esperanza tiene que ver con aguardar algo, mientras que la fe no es así. La esperanza no es una realidad presente. La esperanza indica un deseo o una expectativa de algo en el futuro. Tanto la esperanza como la fe tienen que ver con algo en el plano de lo invisible y están fundadas en la Palabra de Dios.[2] Observe cuan cercanamente conectadas están la fe y la esperanza: "Nosotros, en cambio, por obra del Espíritu y mediante la fe, aguardamos con ansias la justicia que es nuestra esperanza" (Gálatas 5:5). Sin Cristo no podemos tener una esperanza tal[3], porque la esperanza se establece en la fe en la salvación (ver Romanos 5:1–5).

La esperanza produce una atmósfera de fe. La Escritura nos impulsa a ponernos "la coraza de la fe y del amor, y por el casco de la esperanza de salvación" (1 Tesalonicenses 5:8).

Tal como un casco, debemos ponernos la esperanza sobre la cabeza, es decir, en nuestra mente. Protege nuestros procesos de pensamiento y nos mantiene enfocados en Dios. Para vincular la esperanza y la fe con nuestra anatomía, podemos decir que la esperanza es un cerebro o una cabeza, mientras que la fe es el corazón o el pecho.

Sucede una transacción después de haber aguardado en esperanza durante un largo tiempo. Hemos esperado lo suficiente. Nuestro corazón sujeta las cosas que hemos estado esperando y ahora tenemos la *seguridad* de la fe. Ya no necesitamos decir: "Espero que...espero que..." algo suceda. Estamos seguros. En nuestro corazón *sabemos* que podemos confiar en Dios para obtener un resultado perfecto.

La fe expresa la seguridad de algunas cosas que no vemos. Aunque es posible que nuestras circunstancias temporales puedan no haber cambiado, sabemos que la Palabra de Dios está firme en el cielo y en nuestro interior. En fe, sabemos lo que sabemos que sabemos. Sabemos que hemos apresado la Palabra de Dios y la Palabra de Dios nos ha apresado a nosotros. La Palabra y la voluntad de Dios nos ha engranado para crear fe en nuestro corazón.

La fe mira lo invisible y ve algo. La fe habla desde lo temporal hacia lo eterno y crea, desde el plano eterno, lo que no está presente aún en el plano temporal. Trae la realidad eterna a la existencia terrenal. En otras palabras, la fe es como un imán, atrae las promesas eternas de Dios al presente.

¿Cómo podemos tener una seguridad tal? Podemos tener una "convicción de lo que no se ve", gracias a la Palabra de Dios. "Así que la fe es por el oír, y el oír, por la palabra de Dios" (Romanos 10:17). ¡No encontraremos nada más seguro que eso![4]

La fe es más segura que las cosas que podemos ver con nuestros ojos, hace posible que digamos: "Porque por fe andamos, no por vista" (2 Corintios 5:7).[5]

## ¿QUÉ HACE QUE SURJA LA FE?

Si bien podemos ver la esperanza como una expectativa mental de algo bueno, la fe surge de nuestro corazón. Y crece al seguir a Jesús.[6] ¿Cómo podemos estimular el crecimiento de la fe en nuestro propio corazón y en el de otros? Permítame proporcionarle algunos ejemplos bíblicos de lo que hace que surja la fe. Por la gracia de Dios, puedo decir que he tenido encuentros con el Señor con respecto a todos estos ejemplos. ¡Funciona!

1. *La fe surge por medio de la predicación del evangelio.* Recuerde las palabras del apóstol Pablo a los Romanos: "¿Cómo, pues, invocarán a aquel en el cual no han creído? ¿Y cómo creerán en aquel de quien no han oído? ¿Y cómo oirán sin haber quien les predique?" (Romanos 10:14). Él también escribió:

> Por lo cual también nosotros sin cesar damos gracias a Dios, de que cuando recibisteis la palabra de Dios que oísteis de nosotros, la recibisteis no como palabra de hombres, sino según es en verdad, la palabra de Dios, la cual actúa en vosotros los creyentes.
>
> —1 TESALONICENSES 2:13

Para aprender más acerca de la conexión entre la predicación de las buenas nuevas y el crecimiento de la fe, busque Juan 1:1, Romanos 10:8 y Tito 1:3.

2. *La fe surge al leer la palabra Escrita.* La Palabra es poderosa y hace brillar la luz de la fe (ver Hechos 17:13 y Salmos 119:105). En el camino hacia Emaús (ver Lucas 24:13–32), después de la muerte de Jesús en la cruz, el corazón de los discípulos ardía en su interior mientras la fe se abría paso. Sucedió al escuchar la explicación de la Palabra escrita (¡por el Verbo mismo!).

3. *La fe surge en los tiempos de oración.* La oración no es solamente decirle cosas a Dios. La oración se detiene en comunión para escuchar lo que Él desea decir. "Y antes que clamen, responderé yo; mientras aún hablan, yo habré oído" (Isaías 65:24) y "Clama a mí, y yo te responderé, y te enseñaré

cosas grandes y ocultas que tú no conoces" (Jeremías 33:3). Cuando recibimos algo directamente de Él, nuestra fe crece. Con esta dinámica en mente, leamos lo que Dios le dijo al apóstol Pablo y veamos que sus palabras edificaron fe en el corazón de Pablo: "Y me ha dicho [Dios]: Bástate mi gracia; porque mi poder se perfecciona en la debilidad. Por tanto, de buena gana me gloriaré más bien en mis debilidades, para que repose sobre mí el poder de Cristo" (2 Corintios 12:9).

"Así que la fe es por el oír, y el oír, por la palabra de Dios" (Romanos 10:17).

*4. La fe surge a través de una palabra de testimonio o de una exhortación.* ¿Qué sucede en su corazón cuando escucha el relato de un "acto de Dios"? Surge fe, esta viene al oír. Cuándo escucha un testimonio acerca de una sanidad o de un avance asombroso, ¿qué sucede? Fe surge en su corazón y, algunas veces, también lo hace en la atmósfera que le rodea. Usted cree. ¡Eso debe ser verdadero! ¡Funciona!

Debemos animarnos mutuamente en nuestra fe, ya sea mediante decir palabras de exhortación y de verdad, o por medio de compartir buenos testimonios acerca del poder de Dios en acción (ver también Colosenses 3:16).

> Mantengamos firme, sin fluctuar, la profesión de nuestra esperanza, porque fiel es el que prometió. Y considerémonos unos a otros para estimularnos al amor y a las buenas obras; no dejando de congregarnos, como algunos tienen por costumbre, sino exhortándonos; y tanto más, cuanto veis que aquel día se acerca.
> —HEBREOS 10:23–25

Para obtener más información de cómo una palabra "dicha como conviene" (Proverbios 25:11) puede producir fe en el corazón de una persona, revise las recomendaciones de Colosenses 3:16 y la manera en que crece la fe en el corazón de la mujer samaritana en Juan 4:29.

*5. La fe surge gracias a los sueños, las visiones y las experiencias sobrenaturales.* Los sueños, las visiones y las experiencias sobrenaturales excepto para producir fe, representan la unión del plano sobrenatural con el plano humano, y la fe los une. Gracias a que Jesús envió al Espíritu Santo, tales experiencias no son pocas y tampoco les pertenecen a unas cuantas personas de élite:

> Y en los postreros días, dice Dios, derramaré de mi Espíritu sobre toda carne, y vuestros hijos y vuestras hijas profetizarán; vuestros jóvenes verán visiones, y vuestros ancianos soñarán sueños.
>
> —HECHOS 2:17

Cuando Saulo fue derrumbado de camino a Damasco, la extraordinaria experiencia hizo surgir una fe instantánea en su corazón, al punto de que el cazador de recompensas antifé, se convirtió en una persona sumisa, obediente y llena de fe: "El, temblando y temeroso, dijo: Señor, ¿qué quieres que yo haga? Y el Señor le dijo: Levántate y entra en la ciudad, y se te dirá lo que debes hacer" (Hechos 9:6).

Tiempo después, cuando el apóstol Pablo se encontraba a bordo de un barco en medio de una violenta tormenta, las palabras de un visitante angélico les trajeron una paz cimentada en la fe al apóstol Pablo y a quienes viajaban con Él (ver Hechos 27:22–25). Estos son solamente un par de versículos de cómo surge la fe a partir de un encuentro sobrenatural.

5. *La fe surge a partir de la voz audible de Dios.* Las experiencias de Pablo y de Ananías incluían haber escuchado audiblemente la voz de Dios (ver de nuevo Hechos 9:4–6, 10). De manera interesante, la voz que Pablo escuchó fue fuerte, mientras que la voz que escuchó Ananías fue suave. El Señor supo que Ananías no requería un tratamiento como el de Pablo. En cada caso, las palabras habladas por la voz proporcionaron el tipo de fe correcto para la situación. Obviamente, Ananías necesitaba un tipo de fe (discretamente valiente y decisiva) diferente del tipo de fe que Pablo necesitaba en ese momento en el que su vida fue profundamente alterada.

Ya sea que escuchemos una palabra fresca de Dios o que leamos un pasaje de las Escrituras con una palabra, la fe surge en nuestro interior. Observe el efecto de la voz del cielo que declaró: "Y hubo una voz de los cielos, que decía: Este es mi Hijo amado, en quien tengo complacencia" (Mateo 3:17), o de las palabras audibles que Juan escuchó en Patmos: "Yo soy el Alfa y la Omega, principio y fin, dice el Señor, el que es y que era y que ha de venir, el Todopoderoso" (Apocalipsis 1:8), o:

> ¡He aquí, vengo pronto! Bienaventurado el que guarda las palabras de la profecía de este libro [...] He aquí yo vengo pronto, y mi galardón conmigo, para recompensar a cada uno según sea su obra. Yo soy el Alfa y la Omega, el principio y el fin, el primero y el último.
> —APOCALIPSIS 22:7, 12–13

Tan pronto como el significado de la Palabra se registra en la mente del lector o de quien la escucha, surge fe para cumplirla.

## AÑADA FE A LA PALABRA

No solamente recibimos fe de las palabras de Dios, sino también basamos nuestra fe sobre lo que Él pronuncia. Nosotros vemos la Palabra escrita de Dios como un hecho, amplificado por su palabra *rhema* y confiamos en que las circunstancias se alinearán con las palabras de Dios.

La mujer que tuvo flujo de sangre durante doce años había escuchado acerca de este hombre Jesús, quien podía hacer milagros. Con base en los asombrosos reportes de otras personas, ella añadió su propia fe para su propia situación. Después de atravesar con trabajos la multitud, con el fin de acercársele, ella simplemente tocó su manto y recibió su sanidad. Jesús volteó y dijo: "Ten ánimo, hija; tu fe te ha salvado. Y la mujer fue salva desde aquella hora" (Mateo 9:22).

La larga tradición judía estableció maneras para que la gente se recordara a sí misma las palabras de instrucción de Dios, de manera que nunca olvidaran depositar su fe en Él (ver Números 15:38–41). Aunque la mayoría de nosotros no lleva borlas en sus prendas para recordar los mandamientos de Dios, su deseo sigue siendo el mismo: Él desea que recordemos sus palabras de instrucción, de manera que podamos poner nuestra fe en ellas.

Quienes recuerdan sus palabras y, por consiguiente ejercitan su fe, nos proporcionan un ejemplo al resto de nosotros. El libro de Hebreos contiene el "Salón de la fama de la Fe" en el capítulo 11, donde leemos acerca de la importantísima característica que compartían los que nos antecedieron: la fe. Sus hazañas de fe han prevalecido en la historia:

> Por la fe Abraham, siendo llamado, obedeció para salir al lugar que había de recibir como herencia; y salió sin saber a dónde iba. Por la fe habitó como extranjero en la tierra prometida como en tierra ajena, morando en tiendas con Isaac y Jacob, coherederos de la misma promesa; porque esperaba la ciudad que tiene fundamentos, cuyo arquitecto y constructor es Dios.

> Por la fe también la misma Sara, siendo estéril, recibió fuerza para concebir; y dio a luz aun fuera del tiempo de la edad, porque creyó que era fiel quien lo había prometido. Por lo cual también, de uno, y ése ya casi muerto, salieron como las estrellas del cielo en multitud, y como la arena innumerable que está a la orilla del mar [...]

> Por la fe Abraham, cuando fue probado, ofreció a Isaac; y el que había recibido las promesas ofrecía su unigénito, habiéndosele dicho: En Isaac te será llamada descendencia; pensando que Dios es poderoso para levantar aun de entre los muertos, de donde, en sentido figurado, también le volvió a recibir.

> —Hebreos 11:8–12, 17–19,
> (ver también Génesis 15:1–6; 21:12; 22:1–2; y
> Romanos 4:3)

## La fe debe tener acción o expresión

Todos los gigantes de la fe cuyas historias se cuentan en la Biblia, eran hombres y mujeres que *actuaban sobre* lo que Dios les decía, a pesar del riesgo o del precio potencial. Previamente mencioné a Abraham y su esposa, Sara. Un poco antes, hablamos de la mujer con flujo de sangre (ver Marcos

5:25–34). Audaz y decisivamente, tomaron acción ante lo que parecían ser situaciones imposibles. Debido a que Dios era quien había instigado sus empresas, su fe junto con la acción, fueron recompensadas.

Ejemplos similares abundan. Noé, movido por el temor del Señor y siguiendo detalladas instrucciones, pasó años construyendo el arca, ignorando las burlas de los demás y sus propias dudas (ver Génesis 6:13–22). Cuando el diluvio más destructivo jamás conocido cayó, él estaba listo para subir a bordo junto con su familia y parejas representativas de todo tipo de animales:

> Por la fe Noé, cuando fue advertido por Dios acerca de
> cosas que aún no se veían, con temor preparó el arca en
> que su casa se salvase; y por esa fe condenó al mundo,
> y fue hecho heredero de la justicia que viene por la fe.
>
> —HEBREOS 11:7

Los padres de Moisés movidos por la desesperación y por la fe, le confiaron su hijo a otra arca —una pequeña cuna-barco hecha de carrizo— y lo soltaron para flotar por el río, donde terminó no solamente sano y salvo, sino justo frente a la puerta de su destino y del destino del pueblo de Israel (ver Hebreos 1:22–2:10; Hebreos 11:23).

En el Nuevo Testamento, Pedro no falló en poner en acción su fe, cuando trajo la sanidad de Dios al hombre cojo en la puerta llamada la Hermosa:

> Pedro y Juan subían juntos al templo a la hora novena,
> la de la oración. Y era traído un hombre cojo de naci-
> miento, a quien ponían cada día a la puerta del templo
> que se llama la Hermosa, para que pidiese limosna de
> los que entraban en el templo. Este, cuando vio a Pedro
> y a Juan que iban a entrar en el templo, les rogaba que
> le diesen limosna. Pedro, con Juan, fijando en él los ojos,
> le dijo: Míranos. Entonces él les estuvo atento, esperando
> recibir de ellos algo.
>
> Mas Pedro dijo: No tengo plata ni oro, pero lo que
> tengo te doy; en el nombre de Jesucristo de Nazaret,
> levántate y anda. Y tomándole por la mano derecha le

levantó; y al momento se le afirmaron los pies y tobillos; y saltando, se puso en pie y anduvo; y entró con ellos en el templo, andando, y saltando, y alabando a Dios.

—HECHOS 3:1–8

¿Qué habría sucedido si pedro hubiera simplemente visto al mendigo pidiendo dinero y se hubiera pasado de largo? Nada. Al actuar por el impulso de fe que el Espíritu Santo le dio, Pedro se detuvo, fijó su atención en él y después —aparentemente sin mucho entendimiento o fe de parte del hombre cojo— se inclinó, lo tomó de la mano derecha y lo levantó. Fue hasta que estaba siendo levantado (una acción) que el hombre se dio cuenta de la sanidad que estaba ocurriendo.

## LA IMPORTANCIA DE LA FE

Fe. Fe. Fe. ¡Gracias a Dios por el poder de la fe transformadora! Una vez que comience a buscar la palabra en la Escritura, usted la verá en todas partes. La fe crece como un fruto en un corazón abierto hacia Dios.

"Porque por gracia sois salvos por medio de la fe; y esto no de vosotros, pues es don de Dios" (Efesios 2:8). "Justificados, pues, por la fe, tenemos paz para con Dios por medio de nuestro Señor Jesucristo" (Romanos 5:1).

Al comenzar a caminar con Dios, descubrimos la verdad de la afirmación: "Mas el justo por la fe vivirá" (Romanos 1:17 y Hebreos 10:38, ambos citando Habacuc 2:4). Necesitamos fe para cada acción que llevamos a cabo. Necesitamos fe para esperar. Necesitamos fe para escuchar más palabras de Dios.

Usted y yo, y el resto de los seguidores de Cristo pueden mantener fuerte su fe, porque somos, de una manera muy real, "guardados [...] mediante la fe": "Sois guardados por el poder de Dios mediante la fe, para alcanzar la salvación" (1 Pedro 1:5). "Porque todo lo que es nacido de Dios vence al mundo; y esta es la victoria que ha vencido al mundo, nuestra fe" (1 Juan 5:4).

Posibilitados por nuestra fe, podemos vencer los males del mundo, incluyendo enfermedades de todo tipo, de manera que, como Pedro, podemos testificar: "Y por la fe en su nombre, a éste, que vosotros veis y conocéis, le ha confirmado su nombre; y la fe que es por él ha dado a éste esta completa sanidad en presencia de todos vosotros" (Hechos 3:16) (hablando del mendigo que había sido cojo). Como Jesús le dijo al principal de la sinagoga, cuya hija estaba en su lecho de muerte: "No temas, cree solamente" (Marcos 5:36; ver también Marcos 5:21–24; 35, 37–43). Porque: "Y la oración de fe salvará al enfermo, y el Señor lo levantará; y si hubiere cometido pecados, le serán perdonados" (Santiago 5:15).

A lo largo de nuestro viaje con Él, nuestra fe le agrada a Dios más que ninguna otra cosa. "Pero sin fe es imposible agradar a Dios; porque es necesario que el que se acerca a Dios crea que le hay, y que es galardonador de los que le buscan" (Hebreos 11:6).

## VIVIR POR FE

La fe nos conduce a una vida en Cristo y también nos permite continuar viviendo esa vida asombrosa. Vivir por fe afecta completamente nuestro estilo de vida, incluso la comida que consumimos (ver, por ejemplo, Romanos 14). Cada vez que nos olvidamos de la fe y comenzamos a confiar en nuestra propia fuerza de nuevo, nos damos cuenta de la manera difícil que tal falla común tiene consecuencias. De hecho, "todo lo que no proviene de fe, es pecado" (Romanos 14:23). Debemos arrepentirnos tan pronto como sea posible y regresar a la gracia de la fe, con gran gozo.

El cielo es el límite para una persona que vive por fe. Jesús les dijo: "Mas para Dios todo es posible" (Mateo 19:26; ver también Marcos 9:23). Tenemos un potencial ilimitado. Esto no quiere decir que podamos hacer todo lo que deseemos, sino que al buscar vivir y obedecer a Dios, podemos esperar resultados asombrosos.

### La fe que obra a través del amor

Desearía poder expresar mucho más el despilfarro que representa todo esfuerzo humano para obedecer un código de reglas y normas, llevar a cabo rituales religiosos o incluso "ser buenos" sin la fe. Absolutamente nada puede hacer que ganemos la aprobación de Dios, excepto una cosa: poner nuestra fe en Él y en la muerte y resurrección de su Hijo.

Muchas personas confunden la enseñanza del apóstol Pablo acerca de la gracia y de la aprobación incondicional de Dios para aquellos que confían en el sacrificio expiatorio de Cristo. Creen que significa que no importa la manera en que vivamos. El perdón y la gracia lo cubren todo, ¿no? Pero, oh, sí importa. Las cosas pequeñas cuentan tanto como las grandes. ¿Su fe en su Salvador le hace sentirse lleno de energía y con dirección? ¿Está reproduciendo sus acciones misericordiosas, sabias y amorosas a donde quiera que va? De ser así, siga llevando a cabo la obra que es por fe. Si no, continúe acudiendo a Él para obtener fe. Él le proveerá lo que necesita.

Las buenas obras tienen su lugar. Aunque no somos salvos por las buenas obras, sino más bien por la gracia a través de la fe[7], nuestra fe salvadora es una vida de buenas obras.[8] El propósito de la gracia de Dios que nos llevó a la salvación era redimir para sí mismo un pueblo celoso de buenas obras (ver Tito 2:11–14).

El Espíritu Santo ha derramado amor en nuestro corazón (ver Romanos 5:5), aunque ya no vivamos bajo la ley del pecado y de la muerte, y ese amor fluye de nosotros para cumplir la ley (ver Romanos 13:8–10). Este amor tiene un enfoque vertical, un enfoque hacia Dios; y uno horizontal, un enfoque hacia la humanidad. Jesús lo resumió sucintamente:

> Jesús le dijo: Amarás al Señor tu Dios con todo tu corazón, y con toda tu alma, y con toda tu mente. Este es el primero y grande mandamiento. Y el segundo es semejante: Amarás a tu prójimo como a ti mismo. De estos dos mandamientos depende toda la ley y los profetas.
> —MATEO 22:37–40

La conclusión es muy sencilla. Lo único que cuenta es "la fe que obra por el amor" (Gálatas 5:6).

## *Haciéndolo simple*

Este principio fácil de recordar, viene de Marcos 11:22–24:

> Ore hasta recibir la promesa; ore hasta recibir la provisión.

Usted ejercitará la fe con efectividad si comienza a orar hasta que la promesa de la Palabra de Dios sea un "ahora" o una palabra *rhema* que el Espíritu Santo le dé. El Espíritu puede dirigirlo a algún versículo de la Escritura o puede hablarle a través de un don espiritual (ver 1 Corintios 12:8–10). Él mismo puede simplemente guiarlo a confiar en la Palabra viva.

Está listo entonces para el paso número dos: entrar en acción de gracias. Agradézcale al Señor por haberle escuchado y de que la respuesta está en camino. Continúe buscándole en oración, de manera que Él pueda mostrarle qué hacer. Permítale ajustar su pensamiento y levantar sus expectativas.

Viva y respire el poder transformador de la fe. Crezca en fe hasta que esta se convierta en algo tan sencillo y automático como inhalar y exhalar. Jesús lo hizo simple. Él les dice a sus seguidores: "No temas; cree solamente" (Lucas 8:50).

⸙⸙⸙⸙⸙

Fe de nuestros padres, aún viviente,
a pesar del calabozo, el fuego y la espada;
oh, cómo nuestro corazón late de gozo
cuando oímos su gloriosa palabra.

*Estribillo:*

Fe de nuestros padres, ¡santa fe!
Seremos fieles a ti hasta la muerte.[9]

# 8

## VITAL: EL BAUTISMO EN AGUA

AL CONSTRUIR LA casa de Dios desde el fundamento, no podemos continuar construyendo si no cuidamos lo que ya hemos edificado. Algunas veces, el proceso de construcción toma un largo tiempo. Al madurar en el Señor, necesitamos mantener lo que hemos construido y mantenerlo limpio.

Un paso muy importante que no debemos posponer o ignorar es el bautismo en agua. Creo que debe suceder tan pronto como hayamos nacido de nuevo, habiéndonos arrepentido de las obras muertas y comenzado a caminar en la gracia y la fe, comunicándonos libremente con Dios. No buscamos un suplemento religioso, sino buscamos una manera importante de responder a lo que Dios ha hecho por nosotros.

En los primeros días de la Iglesia, en el Nuevo Testamento, el bautismo en agua se convirtió rápidamente en el siguiente paso después de la conversión, algo así como la continuación a un llamado a pasar al frente. En muchas partes de la Iglesia de la actualidad, parecemos haber perdido nuestra comprensión de esta vital transacción.

El bautismo en agua, como el ritual inicial de la Iglesia de Jesucristo, siempre involucra tres aspectos: (1) un sujeto, el que bautiza; (2) un objeto, quien es bautizado; y (3) un elemento en el que son sumergidos quienes están siendo bautizados. La palabra *bautizar* se originó de una raíz que significa "sumergirse", lo cual algunas veces puede entenderse como "lavar". En cualquier caso (aunque históricamente la Iglesia no ha aceptado esto completamente) un bautismo pleno y completo involucra más que simplemente rociar o derramar. El objeto del bautismo se debe meter al agua y ser completamente cubierto por ella, en otras palabras, sumergirse completamente.

## SOMBRAS Y SIGNIFICADOS

En la Escritura podemos ver la sombra —o el precursor— del bautismo en agua cristiano donde encontremos agua o algún equivalente siendo aplicado a un objeto, ya sea por otras personas, por elementos naturales o milagrosamente. Vemos una prefiguración del bautismo cuando los israelitas cruzaron el Mar Rojo, a la cual hace referencia el apóstol Pablo específicamente: "Y todos en Moisés fueron bautizados en la nube y en el mar" (1 Corintios 10:2; ver también Éxodo 14). La nube es como el Espíritu Santo y el Mar Rojo es como las aguas de la muerte, el entierro y la resurrección.

En otra epístola del Nuevo Testamento, a modo de explicación de la manera en que Dios purga la mugre de la carne, Pedro retrata el ejemplo de Noé:

> Porque también Cristo padeció una sola vez por los pecados, el justo por los injustos, para llevarnos a Dios, siendo a la verdad muerto en la carne, pero vivificado en espíritu; en el cual también fue y predicó a los espíritus encarcelados, los que en otro tiempo desobedecieron, cuando una vez esperaba la paciencia de Dios en los días de Noé, mientras se preparaba el arca, en la cual pocas personas, es decir, ocho, fueron salvadas por agua. El bautismo que corresponde a esto ahora nos salva (no quitando las inmundicias de la carne, sino como la aspiración de una buena conciencia hacia Dios) por la resurrección de Jesucristo.
>
> —1 PEDRO 3:18–21

Pedro no solamente muestra la imagen del bautismo que produjo el diluvio, sino también la expiación de la sangre de Jesucristo y el prerrequisito de ser totalmente sumergido en la voluntad y los propósitos de Dios.

Solamente en el Nuevo Testamento se encuentra el sustantivo traducido como "bautismo" (*báptisma* en griego); la palabra hace referencia directamente a la inmersión en agua en los pasajes del bautismo de Juan en Mateo, Marcos, Lucas y Hechos, y en pasajes acerca del bautismo cristiano.[1] También encontramos la misma palabra, *báptisma*, utilizada en un sentido figurado, describiendo la inmersión en el martirio o sufrimiento.[2]

Otro sustantivo utilizado en el Nuevo Testamento (*baptismós*) hace referencia a los bautismos (inmersión, bañarse o lavarse) de la ley Mosaica, lavar los platos o el ritual de lavado. Los escritores bíblicos tienden a utilizar esa palabra como contraste del bautismo cristiano.[3]

No es de sorprenderse que la forma verbal *baptízo*, se traduzca como "bañar", "sumergir", "zambullir", "lavar", "empapar", "abrumar", "hundirse" y "sumirse". Una forma intensiva del verbo alude al bautismo cristiano, el martirio y el ritual judío de lavado; así como a la liberación de Israel del Mar Rojo y a ser bautizados por el Espíritu Santo ("y fuego", ver Mateo 3:11 y Lucas 3:16).

A lo largo del Antiguo y el Nuevo Testamentos, podemos encontrar alrededor de ochenta aplicaciones distintas relacionadas con "sumergir", del verbo "bautizar". Vea, por ejemplo, Lucas 16:24 (la parábola del hombre rico que le pedía a Lázaro que mojara la punta de su dedo en agua para apagar su sed), Juan 13:26 (un pedazo de pan mojado en vino) y Apocalipsis 19:13 (la ropa de Jesús teñida en sangre).

El factor inmersión se denota por la preposición griega *en* ("dentro", "con", "por") y el propósito de la inmersión lo indica la preposición griega *eis*, que significa "en". En general, vemos lo siguiente:

1. El bautismo de Juan (ver Mateo 3:5–11).
2. Los bautismos de los creyentes cristianos (ver Mateo 28:19; Hechos 2:38; Romanos 6:3–4; Gálatas 3:7).

3. El bautismo en el Espíritu Santo (ver Mateo 3:11; Marcos 1:8; Lucas 3:16).

4. El bautismo tipológico (ver 1 Corintios 10:1–2).

5. El bautismo metafórico (sufrimiento) (ver Marcos 10:38–39; Lucas 12:49–50).

El bautismo temporal de Juan sirvió para preparar el camino para Cristo (ver Hechos 19:4). Como un bautismo tipológico, el "bautismo en Moisés" anuncia el posterior bautismo en Cristo. La frase "bautismo en el Espíritu Santo" nunca se observa en el Nuevo Testamento, pero la forma verbal "bautizado en el Espíritu" habla de la realidad de ser sumergido en el Espíritu Santo de Dios.

Por favor, considere todo eso como el trasfondo de mi enfoque principal de este capítulo, que es el bautismo de los creyentes cristianos, el ritual iniciador de la Iglesia de Jesucristo, por el que entramos a participar en el Cuerpo de creyentes después de la conversión.

El bautismo se esboza prominentemente en la gran comisión de Jesús a sus discípulos: "Por tanto, id, y haced discípulos a todas las naciones, bautizándolos en el nombre del Padre, y del Hijo, y del Espíritu Santo" (Mateo 28:19). El bautismo era visto como la entrada en la vida cristiana plena: "Por tanto, id, y haced discípulos a todas las naciones, bautizándolos en el nombre del Padre, y del Hijo, y del Espíritu Santo" (Hechos 2:38; ver también Romanos 6:3–4).

## ¿QUIÉN ES APTO PARA EL BAUTISMO EN AGUA?

En el Nuevo Testamento, un bautismo demostraba una decisión fundada de parte de quien era bautizado. La persona estaba haciendo una declaración pública: "Yo recibo a Cristo como Salvador y Señor". No representaba una intención de tomar tal decisión en el futuro, tampoco se comparaba con inscribirse a una iglesia o a una clase de catequismo.

El bautismo, que no se tomaba a la ligera, estaba destinado a los nuevos convertidos que habían demostrado un sincero arrepentimiento antes de ser bautizados. En ningún lugar de la Biblia se enseña que el bautismo imparte algún tipo de regeneración que completa el proceso de salvación, sino que representa el sello de seguridad de la obra interna del Espíritu.

Entonces, como ahora, sin un cambio significativo en el estilo de vida o sin la confesión de los pecados, un candidato al bautismo en agua, solamente entrará en el agua como un pecador seco y saldrá como un pecador mojado. Solamente a través de la fe en la obra terminada en el Calvario y a través del poder del Espíritu Santo en su interior, es que alguien puede nacer verdaderamente de nuevo.

Los creyentes del Nuevo Testamento eran bautizados tan pronto como les fuera posible después de creer (ver Marcos 16:16). Sobran ejemplos:

Los judíos en Pentecostés:

> Y con otras muchas palabras testificaba y les exhortaba, diciendo: Sed salvos de esta perversa generación. Así que, los que recibieron su palabra fueron *bautizados*; y se añadieron aquel día como tres mil personas.
>
> —HECHOS 2:40–41, ÉNFASIS AÑADIDO

Los creyentes samaritanos:

> Pero cuando creyeron a Felipe, que anunciaba el evangelio del reino de Dios y el nombre de Jesucristo, se *bautizaban* hombres y mujeres.
>
> —HECHOS 8:12, ÉNFASIS AÑADIDO

El eunuco etíope:

> Respondiendo el eunuco, dijo a Felipe: Te ruego que me digas: ¿de quién dice el profeta esto; de sí mismo, o de algún otro? Entonces Felipe, abriendo su boca, y comenzando desde esta escritura, le anunció el evangelio de Jesús. Y yendo por el camino, llegaron a cierta agua, y dijo el eunuco: Aquí hay agua; ¿qué impide que yo sea *bautizado*?
>
> Felipe dijo: Si crees de todo corazón, bien puedes. Y respondiendo, dijo: Creo que Jesucristo es el Hijo de

Dios. Y mandó parar el carro; y descendieron ambos al agua, Felipe y el eunuco, y le *bautizó*.
—HECHOS 8:34–38, ÉNFASIS AÑADIDO

Saulo/Pablo:

Fue entonces Ananías y entró en la casa, y poniendo sobre él las manos, dijo: Hermano Saulo, el Señor Jesús, que se te apareció en el camino por donde venías, me ha enviado para que recibas la vista y seas lleno del Espíritu Santo.

Y al momento le cayeron de los ojos como escamas, y recibió al instante la vista; y levantándose, fue *bautizado*. Y habiendo tomado alimento, recobró fuerzas.
—HECHOS 9:17–19, ÉNFASIS AÑADIDO

El carcelero filipense:

Y sacándolos, les dijo: Señores, ¿qué debo hacer para ser salvo? Ellos dijeron: Cree en el Señor Jesucristo, y serás salvo, tú y tu casa. Y le hablaron la palabra del Señor a él y a todos los que estaban en su casa. Y él, tomándolos en aquella misma hora de la noche, les lavó las heridas; *y en seguida se bautizó él con todos los suyos*.
—HECHOS 16:30–33, ÉNFASIS AÑADIDO

En todos esos ejemplos, el Espíritu de Dios tocó los corazones de quienes escuchaban la declaración de la Palabra de Dios, después de la cual, su fe se levantaba a un nivel tal que los ponía en acción. Tan pronto como la gente comprendía las buenas nuevas, su respuesta era pedir y recibir el bautismo, ya sea que sucediera instantáneamente, como en el caso del eunuco etíope, o después de algunos años, como en el caso de los creyentes de Éfeso en Hechos 19:5. Este es un ejemplo perfecto de la demostración de la fe a través de la acción.

Un nuevo creyente, tarde o temprano reconocerá la efectividad de la muerte de Jesús en la cruz. Este comprenderá que la obra terminada en el Calvario representa mucho más que tener un escape del infierno o un pretexto para utilizar como un último recurso en los momentos de angustia. Alegremente, el bautismo será el siguiente paso lógico.[4]

## ¿QUÉ LE SUCEDE A UN CREYENTE DESPUÉS DEL BAUTISMO?

El bautismo es para los cristianos lo que la circuncisión para el pueblo judío. Tal como la circuncisión expresaba un acuerdo completo del pacto de Dios con el pueblo de Israel, el bautismo en agua expresa una completa rendición al Señor, representando así una renuncia a todos los derechos a nosotros mismos. En un *continuum divino*, también indica que la persona recién bautizada se ha convertido en uno de los hijos de Abraham. Insertada en el pueblo de Dios, incluso quienes no son judíos, se convierten en destinatarios de las promesas de Dios. (Ver Génesis 12:1–3; 17:3–4, 7, para leer acerca de las promesas originales de Dios a Abraham, reiteradas y vinculadas a la circuncisión de Génesis 17).

El apóstol Pablo, quien era un judío celoso que había sido "circuncidado al octavo día" (ver Filipenses 3:5), lo explicó de esta manera:

> Porque todos los que habéis sido bautizados en Cristo, de Cristo estáis revestidos. Ya no hay judío ni griego; no hay esclavo ni libre; no hay varón ni mujer; porque todos vosotros sois uno en Cristo Jesús. Y si vosotros sois de Cristo, ciertamente linaje de Abraham sois, y herederos según la promesa.
>
> —GÁLATAS 3:27–29

Las promesas de Dios son seguras y ser uno de los hijos de Abraham nos hace coherederos de sus promesas.

Cuando hablamos acerca del bautismo como un tipo de circuncisión, obviamente no estamos hablando acerca de un corte físico o de una cirugía en un prepucio real. Nos estamos refiriendo a una cirugía invisible en "el prepucio de vuestro corazón" (Deuteronomio 10:16). El bautismo lo hace oficial, nuestra alma y nuestro espíritu han cambiado, recibimos una cirugía de corazón, si lo quiere ver de esa manera. Después del bautismo en agua, tenemos un "corazón circuncidado", lo cual indica la remoción de toda la "carne", de nuestra "vieja naturaleza", o "cuerpo pecaminoso".

El bautismo en agua no es simplemente un ritual de la Iglesia. Como una obra del Espíritu Santo, el bautismo testifica el hecho de que: "Y seré a ellos por Dios, y ellos me serán a mí por pueblo" (Hebreos 8:10). El bautismo prueba un vínculo de amor, una identificación con la muerte de Jesús. Por amor, deseamos morir con Él (ver Deuteronomio 30:5-6). Dios ha completado la conexión. El apóstol Pablo lo separó en dos grupos diferentes de personas:

> Pues no es judío el que lo es exteriormente, ni es la circuncisión la que se hace exteriormente en la carne; sino que es judío el que lo es en lo interior, y la circuncisión es la del corazón, en espíritu, no en letra; la alabanza del cual no viene de los hombres, sino de Dios.
>
> —ROMANOS 2:28-29

> En él también fuisteis circuncidados con circuncisión no hecha a mano, al echar de vosotros el cuerpo pecaminoso carnal, en la circuncisión de Cristo; sepultados con él en el bautismo, en el cual fuisteis también resucitados con él, mediante la fe en el poder de Dios que le levantó de los muertos.
>
> —COLOSENSES 2:11-12

Cuando un creyente es bautizado, esa persona es "sepultada con Cristo" como consecuencia, expresando así su completa aceptación de la muerte y la sepultura de Jesús, ya que se la aplica a él mismo. "¿O no sabéis que todos los que hemos sido bautizados en Cristo Jesús, hemos sido bautizados en su muerte?" (Romanos 6:3). No solamente habla de la muerte sustitutiva de Cristo en quien es bautizado, sino también indica la muerte real de la persona que es bautizada. El acto del bautismo se convierte en el reconocimiento de la muerte de la persona en Cristo y de su resurrección a la nueva vida.

Sucede algo importante dentro de un creyente para hacer real una fe tal. Después de todo, solamente los muertos son sepultados. Antes del bautismo, una persona debe entregarle a Alguien el control, por ende, dejando el dominio del pecado personal. Ese Alguien es Jesús, cuya muerte y resurrección han ganado la libertad de la desobediencia y del pecado. Jesús ofrece una vida nueva, libre y abundante a todo aquel que la acepte. Esta nueva vida es como una herencia, que solo es otorgada después de la muerte. Él tuvo que morir para que estuviera disponible. Nosotros tenemos que morir para recibirla. Sumergirse en el agua del bautismo es como sumergirse en la tumba y volver a nacer.

## RAZONES PARA BUSCAR EL BAUTISMO

En la Biblia podemos encontrar por lo menos ocho razones obligatorias para pedir el bautismo:

1. Jesús ordenó que sus seguidores fueran bautizados y que ellos bautizaran a otros: "Por tanto, id, y haced discípulos a todas las naciones, bautizándolos en el nombre del Padre, y del Hijo, y del Espíritu Santo (Mateo 28:19).

2. Jesús mismo buscó el bautismo de su primo, Juan, dándonos un ejemplo a seguir: "Jesús vino de Galilea a Juan al Jordán, para ser bautizado por él" (Mateo 3:13–17).

3. El bautismo demuestra que aquellos que han sido bautizados, tienen una consciencia clara ante Dios:
   El bautismo que corresponde a esto ahora nos salva (no quitando las inmundicias de la carne, sino como la aspiración de una buena conciencia hacia Dios) por la resurrección de Jesucristo (1 Pedro 3:21).

4. El bautismo testifica acerca de la muerte, el sepulcro y la resurrección del Señor Jesucristo:
   ¿O no sabéis que todos los que hemos sido bautizados en Cristo Jesús, hemos sido bautizados en su muerte? Porque somos sepultados juntamente con él para muerte por el bautismo, a fin de que como

Cristo resucitó de los muertos por la gloria del Padre, así también nosotros andemos en vida nueva. Porque si fuimos plantados juntamente con él en la semejanza de su muerte, así también lo seremos en la de su resurrección; sabiendo esto, que nuestro viejo hombre fue crucificado juntamente con él, para que el cuerpo del pecado sea destruido, a fin de que no sirvamos más al pecado. Porque el que ha muerto, ha sido justificado del pecado.

—Romanos 6:3–7

5. Cada bautismo testifica a la derrota de Satanás:
En él también [...] sepultados con él en el bautismo, en el cual fuisteis también resucitados con él, mediante la fe en el poder de Dios que le levantó de los muertos [...] y despojando a los principados y a las potestades, los exhibió públicamente, triunfando sobre ellos en la cruz.

—Colosenses 2:11–12, 15; ver también Colosenses 1:21–22

6. Cuando una persona es bautizada, el evento se convierte en una confesión pública de la fe y de la amistad de la persona con el Cuerpo de Cristo (ver Mateo 10:32; Hechos 2:41; Gálatas 3:26–28).

7. El bautismo proporciona una manera de caminar en la nueva vida:
Porque somos sepultados juntamente con él para muerte por el bautismo, a fin de que como Cristo resucitó de los muertos por la gloria del Padre, así también nosotros andemos en vida nueva.

—Romanos 6:4

8. El bautismo prueba ser un testigo multifacético, por ejemplo:

A. Un testimonio para el mundo ("Mi naturaleza pecaminosa ha sido crucificada y deseo sepultarla para siempre. Estoy muerto al mundo del pecado").

B. Un testimonio para la familia cristiana ("Me identifico entre ustedes y me les uno").

C. Un testimonio para Dios ("Salgo del reino de las tinieblas y entro en tu Reino").

D. Un testimonio para nosotros mismos ("Estoy dispuesto a entrar en la muerte, la sepultura y la resurrección, identificándome con mi Salvador, Jesús. Mi vida ahora está escondida con Cristo en Dios. Ya no debo vivir para mí mismo, sino para Aquel que me redimió").

## El bautismo y la conversión

Debido a que Jesús mismo y el apóstol Pablo consideraron el bautismo como la respuesta apropiada al escuchar el mensaje del evangelio (ver Mateo 28:19 y Hechos 2:38), nosotros también lo hacemos.

Algunos se preguntan si eso lo hace obligatorio. ¿Debe usted recibir el bautismo para entrar en el cielo? No necesitamos ir más allá del criminal crucificado junto a Jesús. Él fue aceptado en el cielo, habiendo así establecido el fundamento de fe y de arrepentimiento en los últimos momentos de su vida (ver Lucas 23:39–43). El hombre no tenía ninguna oportunidad de ser bautizado antes de exhalar.

Esta fue una circunstancia extraordinaria, para empezar. En la mayoría de los casos, la gente busca la primera oportunidad para bautizarse. El eunuco etíope lo hizo. Aunque se encontraban viajando por el desierto, él encontró cierta agua (posiblemente un oasis) y le preguntó a Felipe, quien le acababa de compartir las buenas nuevas: "Aquí hay agua; ¿qué impide que yo sea bautizado?" (Hechos 8:36).

Me gusta explicarlo de la siguiente manera: El bautismo no es un requerimiento absoluto para entrar en el cielo, pero tampoco es un mandamiento. Incluso preguntar: "¿Debo bautizarme?" puede traicionar su actitud, reflejando que no está completamente sometido a la plenitud del Señorío de Jesús.

Jesús mismo, después de todo, quien claramente no necesitaba ser bautizado para probar arrepentimiento del pecado o para ganarse la admisión en el cielo, se sometió a ser bautizado para "que cumplamos toda justicia" (Mateo 3:15). Él puso el ejemplo para que todos lo siguiéramos.

Como ya lo he afirmado, nunca debemos considerar al bautismo como un tipo de acontecimiento mágico que funciona a pesar de la actitud de la persona que está siendo sumergida. De manera muy simple, el bautismo sigue sin tener efecto si no hay un arrepentimiento sincero de parte de la persona bautizada.

El hecho caracterizó el bautismo de Juan antes de que comenzara el ministerio de Jesús. Él rechazó rotundamente a las multitudes que venían a ser bautizadas por él: "¡Oh generación de víboras! ¿Quién os enseñó a huir de la ira venidera? Haced, pues, frutos dignos de arrepentimiento" (Lucas 3:7–8).

Por esta razón, los hijos que nacieron en una familia cristiana necesitan recibir el evangelio del Reino, y arrepentirse en algún momento tomando la decisión personal de seguir a Cristo. Esto, en la opinión de muchos, pone en duda la tradición del bautismo. Aunque el bautismo infantil ha sido practicado por siglos en el cristianismo, la práctica no cuadra con la enseñanza del Nuevo Testamento o con la práctica de las iglesias primitivas.

Los defensores a menudo citan las conversiones familiares que fueron seguidas de bautismos familiares (ver Hechos 10:30–48 y 16:29–34), pero en tales casos parece claro que aquellos que fueron salvos pudieron escuchar la predicación del evangelio y creer, de manera que no se incluyó a los niños de esas familias.

La Biblia no ordena un mínimo de edad para el bautismo. Cualquiera que pueda escuchar y recibir la Palabra en fe, puede ser bautizado. Algunas tradiciones cristianas no bautizan a los niños menores de doce o trece años, considerada esta como la edad de responsabilidad. Las celebraciones judías del bar y bat mitzvah ocurren en esas edades. No creo que debamos complicarlo demasiado.

Creo que un niño de tres años puede comprender el evangelio, arrepentirse y nacer de nuevo. Yo no veo por qué el bautismo no deba ser el siguiente paso lógico. No veo un solo versículo en el Nuevo Testamento que lo prohíba. Tampoco veo ninguna indicación de que el bautismo solamente puede ser administrado por los ministros de la iglesia. Mi esposa bautizó a nuestra hija menor a los cuatro años en su propia tina. Ella acababa de recibir a Jesús en su corazón y pidió seguirlo con el bautismo. Inmediatamente, también recibió al Espíritu Santo y comenzó a exaltar al Señor en otra lengua: el don de lenguas.

Años después, mientras me encontraba en una gira de oración en Israel, yo bautice a mis dos hijas en el Río Jordán cuando ya eran jóvenes, porque ellas deseaban seguir más plenamente el ejemplo de Jesús. Tanto las acciones de cuando eran niñas como de adultas demostraron un deseo claro y sincero de convertirse en verdaderas discípulas y no solamente convertidas. Teniendo en mente que crecemos en nuestra luz y comprensión a medida que maduramos, "simplemente hagámoslo". Simplemente bauticémonos. A pesar de la edad de la persona, el estado de la persona que lleva a cabo el bautismo o de la ubicación del bautismo, el arrepentimiento y la fe tienen una importancia primaria, dejando a todo lo demás en una posición secundaria, incluyendo los credos y las ceremonias que conlleva.

Nadie debe bautizarse por presión social, porque "todos lo están haciendo". Cada persona debe tomar una decisión profunda, preguntándose: ¿Creo en que Jesucristo es el Hijo unigénito de Dios? ¿Creo que Él murió por mis pecados y que fue sepultado, y después resucitado de entre los muertos? ¿Deseo dejar de pecar? ¿Creo no solamente con mi mente, sino también con lo profundo de mi corazón?

### ¿En nombre de quién?

¿Qué les dijo Jesús a sus discípulos que hicieran? Él les dijo: "Por tanto, id, y haced discípulos a todas las naciones, bautizándolos en el nombre del Padre, y del Hijo, y del Espíritu Santo" (Mateo 28:19). Esto se ha convertido en una fórmula para los bautismos desde entonces, aunque la fórmula debe ser menos importante que la idea del Nombre. Después de todo, la Iglesia primitiva bautizaba a los nuevos convertidos "...en el nombre del Señor Jesús" (ver Hechos 19:5 y en otras partes), sin mencionar al Padre y al Espíritu Santo.

¿La Iglesia desobedeció cuando esos primeros discípulos omitieron a los otros dos miembros de la Trinidad? No lo creo. Significaba lo mismo. Bautizar en el nombre de Jesús expresa la realidad del hecho de que en el bautismo entramos en unidad cercana con Dios y que, de hecho, pasamos a ser de su propiedad. Ser bautizado en el nombre del Señor Jesús es lo mismo que ser bautizado en el nombre del Padre, del Hijo Jesús y del Espíritu Santo.

En el tiempo de la Biblia, el nombre de una persona equivalía a la persona misma. El Dios trino se había expresado a sí mismo a través de la muerte y de la resurrección del Salvador Jesús y los primeros candidatos del bautismo sabían que habían sido sellados en una relación íntima con su Señor Jesús. Por ejemplo: "Porque todos los que habéis sido bautizados en Cristo, de Cristo estáis revestidos" (Gálatas 3:27), y: "¿O no sabéis que todos los que hemos sido bautizados en Cristo Jesús, hemos sido bautizados en su muerte?" (Romanos 6:3).

El nombre del Hijo es Jesús. Por lo tanto, ¿por qué no utilizamos ambas interpretaciones, la de los relatos del evangelio y la del libro de Hechos, y bautizamos en el nombre del Padre Dios, del Hijo Jesús y del Espíritu Santo? Aunque estamos utilizando lo que parece ser una fórmula, todos los involucrados deben recordar que el bautismo tiene como sentido la aceptación del regalo de la vida eterna que ha sido dada a través del Hijo unigénito de Dios, Jesucristo.

El bautismo honra a cada miembro de la Trinidad; al Dios trino. En el Padre, recibimos un nuevo nacimiento y vida como hijos e hijas, y somos revestidos de la naturaleza de Jesús su Hijo (ver Gálatas 3:26–27; 4:6–7). En el nombre del Hijo, participamos del perdón de los pecados (ver Efesios 1:7; 2:8; Colosenses 2:11–12). En el nombre del Espíritu, obtenemos su llenura y renovación espiritual.

El bautismo es una parte absolutamente esencial para construir un fundamento firme. De hecho, si le falta el ladrillo del bautismo en agua, no se sorprenda si su fundamento de fe no parece tan fuerte como cree que debería ser.

❖❖❖❖❖❖❖

Esta fue la comisión de nuestro Señor,
"Vayan enséñenle a las naciones y bauticen".
Las naciones han recibido la palabra
Desde que Él ascendió al cielo.

Él se siente en los montes celestiales,
con gracia y perdón en sus manos;
y envía su pacto con los sellos,
para bendecir las tierras oscuras distantes.

"Arrepiéntanse y sean bautizados —dijo Él—,
Para la remisión de sus pecados".
Y, así, nuestra razón ayuda a nuestra fe,
Y nos muestra el significado de su evangelio.

Nuestra alma Él lava con su sangre,
Mientras el agua limpia el cuerpo;
Y el buen Espíritu de nuestro Dios
Desciende como agua purificadora.[5]

# 9

## EL GLORIOSO BAUTISMO EN EL ESPÍRITU SANTO

AL PASAR POR la puerta del bautismo se espera que entremos a la experiencia transformadora de ser bautizados en el Espíritu Santo. He decidido cubrir el bautismo en el Espíritu en un capítulo distinto, con el fin de hacerle justicia. En mi propia experiencia, ser sumergido en el Espíritu Santo transformó radicalmente mi vida y puede transformar la suya también. Hemos estado hablando acerca de establecer un fundamento firme para poder construir una gran casa sobre él. Bueno, ha llegado el tiempo de habitar esa casa. Ahora podemos llenar la casa de cosas buenas, tales como la gloria del "bautismo en el Espíritu Santo".

Como lo escribí en el capítulo anterior, "el bautismo no es un requerimiento absoluto para entrar al cielo y tampoco es un mandamiento". De igual modo, no se requiere el bautismo en el Espíritu para la salvación; pero sin él, le será imposible vivir una vida cristiana plena y abundante. Para decirlo de otro modo: "No debe ser bautizado en el Espíritu Santo, ¡pero *puede* ser bautizado en el Espíritu!". Esta experiencia, algunas veces difamada, le equipará para llevar una vida completamente sobrenatural.

Nadie espera que obedezca los mandamientos radicales de la Biblia sin la ayuda del Espíritu Santo morando en su interior, después de todo. Incluso si usted tiene una buena comprensión de los conceptos teológicos y madura relativamente en el ámbito emocional, ¿cómo puede obedecer el mandamiento que Jesús dio de amar a Dios y a su prójimo? Sin una inmersión poderosa en el Señor, quien es amor, no podemos hacerlo. Jesús dijo: "Amarás al Señor tu Dios con todo tu corazón, y con toda tu alma, y con todas tus fuerzas, y con toda tu mente; y a tu prójimo como a ti mismo" (Lucas 10:27). Él no esperaba que la gente pudiera obedecer un mandamiento tan radical sin la asistencia de un Ayudador.

Muchos cristianos no conocen el bautismo del Espíritu Santo. En mi propia experiencia, resultó ser similar a la de los creyentes de Éfeso:

> Aconteció que entre tanto que Apolos estaba en Corinto, Pablo, después de recorrer las regiones superiores, vino a Efeso, y hallando a ciertos discípulos, les dijo: ¿Recibisteis el Espíritu Santo cuando creísteis?
>
> Y ellos le dijeron: Ni siquiera hemos oído si hay Espíritu Santo.
>
> Entonces dijo: ¿En qué, pues, fuisteis bautizados? Ellos dijeron: En el bautismo de Juan.
>
> Dijo Pablo: Juan bautizó con bautismo de arrepentimiento, diciendo al pueblo que creyesen en aquel que vendría después de él, esto es, en Jesús el Cristo. Cuando oyeron esto, fueron bautizados en el nombre del Señor Jesús. Y habiéndoles impuesto Pablo las manos, vino sobre ellos el Espíritu Santo; y hablaban en lenguas, y profetizaban.
>
> —HECHOS 19:1–6

Yo me convertí en un discípulo del Señor de joven y caminaba con toda la luz que tenía. Había invitado a Jesús en mi corazón y lo seguía de todo corazón. Me involucré con Cruzada Estudiantil para Cristo y la gente se parecía mucho a los evangélicos tradicionales a los que yo estaba acostumbrado.

Entonces, junto con otros 75 000 jóvenes, asistí a un congreso de Cruzada Estudiantil llamado EXPLO '72 en Dallas, Texas. En este congreso internacional de evangelismo (conocido como el "Jesus Woodstock") escuchábamos a predicadores tales como Billy Graham y Bill Bright en las tardes. Pero durante el día, me encontré con algunos muchachos radicales de la Gente de Jesús y ellos comenzaron a testificarme acerca de hablar en lenguas. Ahora bien, si hubieran comenzado por contarme acerca de ser lleno del Espíritu Santo, yo habría comprendido mejor. Pero ellos me hablaban de cosas como el don de lenguas, la sanidad, los milagros, de caminar sobre el agua y de todo tipo de cosas enigmáticas y extrañas.

Tal como aquellos creyentes de Éfeso, yo no había escuchado acerca de la conexión entre los milagros bíblicos y el bautismo del Espíritu Santo. Mucho menos sabía que esas cosas podían suceder en la actualidad. Era completamente ignorante al respecto.

Salí de ese congreso meneando la cabeza, diciendo: "De acuerdo, Dios. Dáselo a quienes lo necesitan", no era una mala oración. Pero también añadí: "Yo no lo necesito". Regresé a mi universidad, donde estudiaba el segundo año, para perseguir mi meta de convertirme en un biólogo investigador, de manera que pudiera obtener un trabajo en el centro de investigación y desarrollo de la NASA. (Más tarde cambié mi carrera por trabajo social).

Me había llevado un libro del tamaño de un folleto, escrito por el Dr. Bill Bright, llamado *Cómo ser lleno del Espíritu Santo*. Oré a través de ese libro durante todo el año y algo dentro de mí comenzó a cambiar. Finalmente, me convencí de que después de todo, necesitaba todo lo que el Espíritu Santo tenía.

De manera que en las vacaciones de Acción de Gracias, recostado en la cama en casa de mis padres, oré para ser oficialmente bautizado en el Espíritu Santo. No sentí nada. Permanecí ahí, creyendo con una fe tranquila que Dios respondería mi oración. Sabía que algunas personas tienen experiencias increíbles y asombrosas, pero yo no era uno de ellos. Créalo o no, yo era más bien un intelectual en ese tiempo. Tranquila y serenamente, sin que se me pusiera la piel de gallina o que sintiera electricidad, me tocó el Espíritu Santo.

Vino a mi mente una sílaba. Podía verla casi como si estuviera impresa dentro de mi frente, en mi cerebro. *Sla*. Yo no lo creía, de manera que lo dije en voz alta, ahí en la soledad de mi habitación. "Sla…sla". Entonces surgió otra sílaba. *Ba*. Entonces la añadí a la anterior: "Slaba…slaba". Terminé con cinco o seis sílabas y concluí que ese era el don de lenguas. Continué diciendo las mismas sílabas durante aproximadamente una semana antes de que expandiera mi "vocabulario". Me tomó un tiempo acceder al fluir del río de lo profundo de mi ser, el corazón, en lugar de sopesar todo intelectualmente.

Recordé la experiencia de los discípulos en el segundo capítulo de Hechos, cuando el Espíritu Santo los llenó en el Día de Pentecostés. "Y fueron todos llenos del Espíritu Santo, y comenzaron a hablar en otras lenguas, según el Espíritu les daba que hablasen" (Hechos 2:4). *Ellos* hablaron. El Espíritu Santo les dio las palabras, pero ellos eran quienes las pronunciaban en voz alta. Tal como esos primeros discípulos, entendí que tenía que humillar mi alma y llevarla en sumisión a mi espíritu, y esas sílabas provenían de mi espíritu. Se sentía como si me hubiera conectado con el río de lo profundo de mi ser (ver Juan 7:38). A la vez, la Palabra de Dios se hizo más viva en mí, iluminando ciertas verdades. Al poco tiempo, conocí a Michal Ann Willard, quien se convirtió en mi esposa y juntos nos embarcamos en el ministerio a tiempo completo para Dios, recibiendo tanta fuerza del Espíritu Santo como podíamos.

## EL ESPÍRITU SANTO PROMETIDO

Jesús, después de morir y resucitar, les prometió a sus discípulos que enviaría "otro Consolador". Los hombres estaban enfrentando gran incertidumbre, muchas pruebas y numerosos ataques, ¡y ahora sabían que su Señor resucitado iba a dejarlos para siempre! Jesús les dijo que permanecieran en Jerusalén y esperaran a este Ayudador o Consolador (*paráklhtos* en griego, castellanizado como *paracleto*):

> Y estando juntos, les mandó que no se fueran de Jerusalén, sino que esperasen la promesa del Padre, la cual,

les dijo, oísteis de mí. Porque Juan ciertamente bautizó con agua, mas vosotros seréis bautizados con el Espíritu Santo dentro de no muchos días. [...] pero recibiréis poder, cuando haya venido sobre vosotros el Espíritu Santo, y me seréis testigos en Jerusalén, en toda Judea, en Samaria, y hasta lo último de la tierra.

—HECHOS 1:4–5, 8

El Día de Pentecostés, semanas después, llegó el Espíritu Santo:

Cuando llegó el día de Pentecostés, estaban todos unánimes juntos. Y de repente vino del cielo un estruendo como de un viento recio que soplaba, el cual llenó toda la casa donde estaban sentados; y se les aparecieron lenguas repartidas, como de fuego, asentándose sobre cada uno de ellos. Y fueron todos llenos del Espíritu Santo, y comenzaron a hablar en otras lenguas, según el Espíritu les daba que hablasen.

—HECHOS 2:1–4

La promesa había sido cumplida y continúa siendo cumplida ahora. Tal como esos primeros discípulos, nosotros también podemos esperar que el Espíritu Santo: (1) permanezca con nosotros para siempre para consolarnos y fortalecernos; (2) viva en nosotros, more en nosotros; (3) nos enseñe todas las cosas; (4) nos recuerde las palabras de Jesús; (5) dé testimonio de Jesús; (6) a través de nosotros convenza al mundo de pecado; (7) nos guíe a toda verdad; (8) nos dé poder; (9) glorifique sobre todas las cosas a Jesús.

¿Por qué Dios lo hizo de esta manera? ¿Por qué no le dio su Espíritu Santo a todo creyente en el momento del nuevo nacimiento? ¿Jesús no había dicho ya: "Recibid al Espíritu Santo" cuando comisionó a sus discípulos, después de resucitar? ¿Por qué fue diferente la manera de recibirlo ese día que el Día de Pentecostés?

Podemos leer acerca de la primera vez que Jesús dijo: "Recibid al Espíritu Santo":

Cuando llegó la noche de aquel mismo día, el primero de la semana, estando las puertas cerradas en el lugar donde los discípulos estaban reunidos por miedo de los judíos, vino Jesús, y puesto en medio, les dijo: Paz a vosotros. Y cuando les hubo dicho esto, les mostró las manos y el costado. Y los discípulos se regocijaron viendo al Señor.

Entonces Jesús les dijo otra vez: Paz a vosotros. Como me envió el Padre, así también yo os envío. Y habiendo dicho esto, sopló, y les dijo: Recibid el Espíritu Santo. A quienes remitiereis los pecados, les son remitidos; y a quienes se los retuviereis, les son retenidos.

—JUAN 20:19–23

Observe la diferencia entre esta impartición del Espíritu Santo y la que sucedió en el Día de Pentecostés. Derek Prince lo resumió muy bien en *El manual del cristiano lleno del Espíritu*:

En el domingo de resurrección, Jesús sopló y los discípulos recibieron al Espíritu Santo, y de esta manera entraron en la salvación y el nuevo nacimiento. Sin embargo, fue hasta el Día de Pentecostés, siete semanas después, cuando ellos fueron bautizados (o llenados) del Espíritu Santo. Esto muestra que la salvación o el nuevo nacimiento es una experiencia distinta y separada del bautismo del Espíritu Santo, aunque cada una se describa como "recibir al Espíritu Santo".

[...] Entonces podemos resumir las diferencias entre ambas experiencias de la recepción del Espíritu Santo.

En el domingo de resurrección fue:

- La resurrección de Cristo
- El soplido del Espíritu
- El resultado: la vida

En el Día de Pentecostés fue:

- La ascensión de Cristo

- El derramamiento del Espíritu
- El resultado: poder[1]

## ¿QUIÉN ES EL ESPÍRITU SANTO?

La gente considera al Espíritu Santo simplemente como una influencia invisible o como un poder semejante al viento. Sin embargo, Él es la tercera persona de la Trinidad (ver 1 Juan 5:6–8). Esto significa que opera en la plenitud de la persona como Aquel que (1) *habla* (ver Hechos 13:2); (2) *obra* (ver 1 Corintios 12:11); (3) *enseña* (ver Juan 14:26); y (4) *guía* (ver Juan 16:13). El Espíritu Santo comparte las siguientes características con las demás personas:

- Él tiene *mente*: "Mas el que escudriña los corazones sabe cuál es la intención del Espíritu" (Romanos 8:27).

- Él tiene *voluntad*: "Pero todas estas cosas las hace uno y el mismo Espíritu, repartiendo a cada uno en particular como él quiere" (1 Corintios 12:11).

- Él tiene *inteligencia*: "Y enviaste tu buen Espíritu para enseñarles" (Nehemías 9:20).

- Él expresa *amor*: "Pero os ruego, hermanos, por nuestro Señor Jesucristo y por el amor del Espíritu…" (Romanos 15:30; ver también Gálatas 5:22; Colosenses 1:8).

- Él también expresa *dolor*: "Y no contristéis al Espíritu Santo de Dios" (Efesios 4:30).

Aunque Él es una persona, permanece invisible. Por lo tanto, los símbolos metafóricos se convierten en una de las mejores maneras de referirnos a Él. Los escritores de la Biblia se refieren al Espíritu Santo como:

Paloma (ver Mateo 3:16).
Agua (ver Juan 4:14; 7:38–39).
Lluvia (ver Joel 2:23).

125

Aceite (ver Salmos 89:20).

Viento (ver Juan 3:8; Hechos 2:2).

Fuego (ver Lucas 3:16; Isaías 4:4; Hechos 2:3).

Él también es conocido con otros nombres, cada uno de los cuales muestra un aspecto de su personalidad:

1. El Espíritu del Señor; el Espíritu de Sabiduría y de Inteligencia; Espíritu de Consejo y de Poder; Espíritu de Conocimiento y de Temor de Jehová (todos ellos se encuentran en Isaías 11:2).

2. El Espíritu de Cristo (ver 1 Pedro 1:11).

3. El Espíritu de Profecía (ver Apocalipsis 19:10).

4. El Espíritu de Gloria (ver 1 Pedro 4:14).

5. El Consolador (ver Juan 14:26).

6. El Espíritu Eterno (ver Hebreos 9:14).

7. El Espíritu de la Promesa (ver Efesios 1:13).

¡Qué longitud, amplitud y anchura podemos encontrar en el incomparable Espíritu Santo de Dios!

## EL CUMPLIMIENTO DE LA PROMESA HISTÓRICA

Los profetas del Antiguo Testamento habían predicho desde mucho tiempo atrás acerca del derramamiento del Espíritu Santo, de manera que cuando sucedió en el Día de Pentecostés, después de la ascensión de Jesús, aquellos que estaban presentes lo reconocieron no solamente como el cumplimiento de lo que su Señor ascendido les había dicho, sino también de siglos de predicciones.

Ahora, una nueva vida les era infundida a las antiguas palabras proféticas bien conservadas, de Isaías, de Ezequiel, de Joel y de Zacarías:

> Porque yo derramaré aguas sobre el sequedal, y ríos sobre la tierra árida; mi Espíritu derramaré sobre tu generación, y mi bendición sobre tus renuevos.
>
> —ISAÍAS 44:3

Os daré corazón nuevo, y pondré espíritu nuevo dentro de vosotros; y quitaré de vuestra carne el corazón de piedra, y os daré un corazón de carne.

—EZEQUIEL 36:26

Y después de esto derramaré mi Espíritu sobre toda carne, y profetizarán vuestros hijos y vuestras hijas; vuestros ancianos soñarán sueños, y vuestros jóvenes verán visiones. Y también sobre los siervos y sobre las siervas derramaré mi Espíritu en aquellos días.

—JOEL 2:28–29

Y derramaré sobre la casa de David, y sobre los moradores de Jerusalén, espíritu de gracia y de oración; y mirarán a mí, a quien traspasaron, y llorarán como se llora por hijo unigénito, afligiéndose por él como quien se aflige por el primogénito.

—ZACARÍAS 12:10

En los recuerdos recientes de los discípulos, Juan el Bautista también había señalado un bautismo futuro en el Espíritu, diciendo: "Yo a la verdad os he bautizado con agua; pero él os bautizará con Espíritu Santo" (Marcos 1:8).

Según Lucas, un testigo ocular, Jesús les había ordenado a sus seguidores que esperaran en Jerusalén hasta que recibieran "poder desde lo alto" (Lucas 24:49). Su Señor resucitado no dejó duda de que se estaba refiriendo a la llenura de la esperada "promesa del padre" (Hechos 1:4). ¿Qué era lo que todos estaban esperando? Jesús se refirió a ello como ser "bautizados con el Espíritu Santo dentro de no muchos días" (Hechos 1:5).

## UNA PROMESA PARA LA IGLESIA DE TODOS LOS TIEMPOS

A pesar de tener una larga historia profética, el derramamiento del Espíritu Santo en el Día de Pentecostés, se hubiera convertido en una nota al pie en los anales del pueblo de Dios, de no continuar en la actualidad. Pedro reconoció inmediatamente su importancia y declaró con denuedo:

127

Y recibiréis el don del Espíritu Santo. Porque para vosotros es la promesa, y para vuestros hijos, y para todos los que están lejos; para cuantos el Señor nuestro Dios llamare.

—HECHOS 2:38–39

En otras palabras, la poderosa presencia del Espíritu Santo no solamente estaba destinada para aquellos que estaban presentes ese día ("vosotros"), sino también para sus hijos e hijas inmediatos ("vuestros hijos"), y para todos los que creyeran en Jesús en cualquier lugar y en cualquier momento en el futuro ("para todos los que están lejos"). La promesa nos incluye a usted y a mí, y a todo aquel cuyo corazón le pertenece a Jesús.

En el Nuevo Testamento, los creyentes tuvieron un encuentro tan fuerte con el Espíritu Santo que decían que era como haber sido *bautizados* o sumergidos en Él. Desde luego, esta terminología había sido utilizada por Jesús y también por su antecesor, Juan el Bautista, quien lo afirmó tan claramente que terminó en los cuatro Evangelios:

Yo a la verdad os bautizo en agua para arrepentimiento; pero el que viene tras mí, cuyo calzado yo no soy digno de llevar, es más poderoso que yo; él os bautizará en Espíritu Santo y fuego.

—MATEO 3:11

Yo a la verdad os he bautizado con agua; pero él os bautizará con Espíritu Santo.

—MARCOS 1:8

Yo a la verdad os bautizo en agua; pero viene uno más poderoso que yo, de quien no soy digno de desatar la correa de su calzado; él os bautizará en Espíritu Santo y fuego.

—LUCAS 3:16

Y yo no le conocía; pero el que me envió a bautizar con agua, aquél me dijo: Sobre quien veas descender el Espíritu y que permanece sobre él, ése es el que bautiza con el Espíritu Santo.

—JUAN 1:33

El Espíritu descendió de pronto sobre aquellos que estaban en el Aposento Alto. Ellos habían estado esperando durante semanas, posiblemente no se habían ido de este lugar ni un segundo. A pesar de los largos días y noches, ellos esperaban que algo sucediera en algún momento. En todo caso, ellos dudaban acerca de su futuro y estaban dispuestos a permanecer el tiempo suficiente para ver qué sucedería.

De pronto, con un sonido como de estruendo, *llegó*. Llamas visibles encendían el aire sobre la cabeza de cada persona. De su boca asombrada salió una cacofonía de lenguas: un torrente en alta voz de lenguas incomprensibles, de modo que algunos pensaron que había una fiesta y que estaban borrachos (ver Hechos 2:1–13).

Los creyentes, que ya habían nacido de nuevo individualmente, ahora habían "nacido" de nuevo como la Iglesia de Jesucristo, con el don y el poder del propio Espíritu de Jesús. El corazón de quienes estaban alrededor fue traspasado con convicción. Al final del día, se les habían unido a los apóstoles tres mil nuevos creyentes y fueron bautizados por ellos (ver Hechos 2:41). Nunca más volverían a caber todos en ese aposento alto.

## Cuatro relatos

Para resaltar su validez, el libro de los Hechos registra cuatro relatos adicionales de creyentes que tuvieron la experiencia de ser bautizados en Espíritu Santo.

Los apóstoles permanecieron en Jerusalén un tiempo, cuando la iglesia fue dispersada; pero viajaron de un lugar a otro predicando y enseñando, según el Espíritu los dirigía (ver Hechos 8:1). Felipe predicó el evangelio en la ciudad de Samaria, haciendo milagros de sanidad y echando fuera espíritus malignos (ver Hechos 8:5–7). El corazón de muchas personas, tanto hombres como mujeres, fue lleno de fe y recibieron el bautismo en agua (ver Hechos 8:12). Cuando los otros apóstoles en Jerusalén escucharon al respecto, ellos enviaron a Pedro y a Juan a unírsele a Felipe, ya que ninguno de los nuevos convertidos había recibido la llenura del Espíritu (ver Hechos 8:14–16). Cuando los apóstoles imponían sobre ellos las manos, los nuevos creyentes recibían al Espíritu Santo (ver Hechos 8:17). Las palabras de Jesús estaban siendo reales: Recibiréis poder, cuando haya venido sobre vosotros el Espíritu Santo, y me seréis testigos en Jerusalén, en toda Judea, en Samaria (ver Hechos 1:8).

Parte de la razón por la que los creyentes habían sido dispersados desde Jerusalén a otras partes fue la persecución de un celoso fariseo llamado Saulo. Él consintió en la muerte del diácono Esteban (ver Hechos 7:58–60) y entonces, cuando incrementó la persecución de los nuevos seguidores de Jesús: "Saulo asolaba la iglesia, y entrando casa por casa, arrastraba a hombres y a mujeres, y los entregaba en la cárcel" (Hechos 8:3).

Saulo, repentina e inesperadamente se encontró arrestado por el Espíritu Santo. El siguiente capítulo del libro de Hechos relata su dramática conversión en el camino a Damasco y la oración que Ananías hizo por el para que fuera lleno del Espíritu Santo (ver Hechos 9:1–18). De manera interesante, Saulo (que pronto se llamaría Pablo) fue bautizado en el Espíritu primero y poco tiempo después fue bautizado en agua. Con el tiempo, los dones del Espíritu se volvieron asombrosamente visibles en la vida de Pablo, además de un abundante don de lenguas (de acuerdo con su propio testimonio en 1 Corintios 14:18).

Pablo, quien ya no perseguía a la Iglesia sino que ahora era uno de sus más fuertes defensores, se aseguró de que otros creyentes recibieran el Espíritu Santo. Recuerde su visita a Éfeso, donde se encontró con creyentes que nunca habían escuchado del Espíritu Santo (ver Hechos 19:1–7). En algún punto, habían recibido el bautismo en agua de Juan y alrededor de doce de ellos estaban buscando el Reino de Dios, aunque sin haber sido bautizados en el nombre de Jesús o tenido la subsiguiente experiencia diaria de la presencia del Consolador. Después de determinar su disposición a proceder, Pablo los bautizó en el nombre de Jesús y oró por ellos, y ellos hablaron en lenguas y profetizaron (ver Hechos 19:6). Pablo permaneció ahí durante un tiempo, predicando y enseñando (ver Hechos 19:8).

Vemos entonces que el Espíritu Santo había sido derramado abundantemente sobre los creyentes judíos. Primero, los no judíos (gentiles) permanecieron alejados de la experiencia. Entonces llegó el asombroso encuentro sobrenatural de Pedro, relatado en los capítulos 10 y 11 del libro de los Hechos, en el que tuvo una visión durante un éxtasis en la azotea que lo llevó a predicar el evangelio a la casa de Cornelio que estaba llena de gentiles. Todos recibieron el don de lenguas cuando el Espíritu cayó sobre ellos, mientras Pedro todavía estaba hablando (ver Hechos 10:44–46). Su conversión inicial fue casi simultánea con su bautismo en el Espíritu Santo y el bautismo en agua le siguió pronto (ver Hechos 10:47–48).

## ¿Cómo es que un creyente recibe el bautismo del Espíritu Santo?

Como vemos en estos relatos del libro de los Hechos, el Espíritu Santo se niega a limitarse a una fórmula particular. La gente fue llena del Espíritu de pronto, sin aviso, pero no siempre era así. Igualmente, otra persona los invitaba a recibir al Espíritu Santo, a quien invitaban a entrar en su corazón.

Algunas veces el orden de los eventos era 1-2-3: primero, la conversión y el nuevo nacimiento; segundo, el bautismo en agua en el nombre de Jesús (y a menudo en el nombre del Padre y del Espíritu); y tercero, ser llenos y bautizados en el Espíritu Santo.

Otras veces, el orden de los dos tipos de bautismo era al revés o todo sucedía casi simultáneamente.

Cada vez, sin embargo, es notorio que la persona primero debe creer que la promesa de Dios de enviar al Espíritu aplica para cada persona en la actualidad (ver Hechos 2:39). En segundo lugar, la persona debe preparar su corazón a través del arrepentimiento del pecado (ver Hechos 2:30). En tercer lugar, la persona simplemente debe *pedirle* al Espíritu de Dios que entre (ver Lucas 11:13), teniendo la fe para recibirlo (ver Juan 7:38–39; Gálatas 3:2). Podemos ver entonces que la evidencia de la genuina conversión junto con el bautismo en agua no constituye en sí misma la evidencia de que la persona haya recibido al Espíritu Santo. Una persona necesita recibir activamente al Espíritu del Dios vivo, de manera intencional.

Aunque la dádiva del Espíritu Santo sigue siendo un acto soberano de Dios, nosotros siempre vemos que recibir al Espíritu Santo combina la iniciativa divina con la respuesta humana. Más comúnmente, el receptor confía en otro creyente que ya ha recibido al Espíritu para que ore por él imponiéndole manos. Siendo una verdad en la iglesia primitiva, esto continua siendo verdadero en la actualidad, aunque la tentación de violar un método tan simple ha sido fuerte (ver, por ejemplo, el relato de Simón el hechicero en Hechos 8:14–19).

*Pedir* simplemente, sin otra intención, siempre funcionará. Las palabras de Jesús proporcionaron el contexto para la petición: "Pues si vosotros, siendo malos, sabéis dar buenas dádivas a vuestros hijos, ¿cuánto más vuestro Padre celestial dará el Espíritu Santo a los que se lo pidan?" (Lucas 11:13). Si pedimos, *recibiremos* lo que pedimos.

A mí me gusta animar a la gente a pedir, dondequiera que estén, hasta que reciban al Espíritu Santo prometido. Pida en su cama por la noche. Pida cuando esté conduciendo su coche. Pida en la ducha. Incluso puede pedir mientras esté adorando en la iglesia (¡imagínese!). Pida que la lluvia del Espíritu Santo caiga en su corazón, y responda usted a su presencia.

## Los beneficios de recibir al Espíritu Santo

La Palabra de Dios declara que el ministerio de Cristo es bautizar a los creyentes en Espíritu Santo. Si desea más del ministerio de Jesús, reciba el poder del Espíritu Santo.

Por las Escrituras y por experiencia, los beneficios personales de ser bautizado en el Espíritu Santo hacen posible que un creyente participe plenamente en el ministerio del Reino de Jesús en la Tierra. A través del Espíritu Santo que mora en nuestro corazón, nuestra fe crece o es edificada:

> Pero vosotros, amados, edificándoos sobre vuestra santísima fe, orando en el Espíritu Santo, conservaos en el amor de Dios, esperando la misericordia de nuestro Señor Jesucristo para vida eterna.
>
> —JUDAS 1:20–21

> Y de igual manera el Espíritu nos ayuda en nuestra debilidad; pues qué hemos de pedir como conviene, no lo sabemos, pero el Espíritu mismo intercede por nosotros con gemidos indecibles. Mas el que escudriña los corazones sabe cuál es la intención del Espíritu, porque conforme a la voluntad de Dios intercede por los santos.
>
> —ROMANOS 8:26–27

> El que habla en lengua extraña, a sí mismo se edifica; pero el que profetiza, edifica a la iglesia.
>
> —1 CORINTIOS 14:4

La combinación de la dirección, la sabiduría y la irrupción del poder del Espíritu Santo, le permitirá ser un testigo eficaz de la verdad de las buenas nuevas de Jesucristo (ver de nuevo Hechos 1:8).

Una familiaridad tan profunda con el Espíritu del Dios Creador hace posible nada menos que una transformación personal completa. Como sucede la recibir al Espíritu en primer lugar, la acción del Espíritu requiere nuestra cooperación individual. Pero generaciones de creyentes pueden testificar sobre la creciente madurez y el incremento perpetuo del fruto del Espíritu.[2]

Ni siquiera el esfuerzo humano más decidido puede producir el nivel personal de transformación que el Espíritu Santo puede producir en nuestra vida:

> Nos salvó, no por obras de justicia que nosotros hubiéramos hecho, sino por su misericordia, por el lavamiento de la regeneración y por la renovación en el Espíritu

Santo, el cual derramó en nosotros abundantemente por Jesucristo nuestro Salvador.

—Tito 3:5–6

Por tanto, nosotros todos, mirando a cara descubierta como en un espejo la gloria del Señor, somos transformados de gloria en gloria en la misma imagen, como por el Espíritu del Señor.

—2 Corintios 3:18

## Autoridad y poder

El propósito principal de recibir el bautismo en el Espíritu Santo es que podamos recibir poder. Nuestro nuevo nacimiento nos trajo *exusía*, la autoridad y el poder de ser hechos hijos de Dios, con derecho a la herencia de nuestro Padre (ver Romanos 8:14–17 y Efesios 1).

El bautismo en el Espíritu Santo nos lleva al *dúnamis*, el poder de vivir como hijos de Dios (ver Hechos 1:8), incluyendo, de acuerdo con el léxico griego (Concordancia Strong, #1411), el "poder para realizar milagros" y el perpetuo "poder moral y excelencia del alma".

El nuevo nacimiento nos da el derecho de ser hijos de Dios, mientras que el bautismo en el Espíritu Santo nos da el poder de llevar una vida eficaz como hijos de Dios.

Esta es una experiencia tanto interna como externa y está disponible para todo aquel que cree. Internamente, el creyente bebe del Espíritu Santo como agua hasta que es saciado, y continúa bebiendo al punto de desbordarse. Me gusta la imagen de un río que fluye desde lo profundo del ser, porque empata con nuestra experiencia del fluir perpetuo del Espíritu en nuestro corazón (ver Juan 7:38–39).

En el exterior, la presencia y el poder del Espíritu Santo se manifiesta en muchas maneras, por ejemplo:

- denuedo para testificar
- "embriaguez" en el Espíritu
- la aparición o sensación del fuego de Dios
- el fruto del Espíritu

- el aumento de la verdad, la luz y la revelación
- una mayor convicción
- los dones del Espíritu, incluyendo el don de lenguas

En los relatos bíblicos, hablar en lenguas manifiesta más comúnmente la llenura del Espíritu Santo y los apóstoles mismos no solo la experimentaban, sino que esperaban y aceptaban la experiencia en otros, como una evidencia externa y visible del bautismo en el Espíritu Santo.

Los otros dones y manifestaciones pueden no ser tan evidentes (o repentinos), aunque mucha gente muestra un hambre inmediata y obvia por la Palabra de Dios y una capacidad de comprender las Escrituras como nunca antes. Cuando yo fui lleno del Espíritu Santo, como los discípulos efesios que hablaron en lenguas y profetizaron (ver Hechos 19:1–6), yo profetizaba. Aunque nunca antes había dicho una palabra de profecía, profeticé acerca del ministerio de Cristo y la Iglesia en los últimos días (y ni siquiera sabía qué eran los últimos días). También profeticé acerca de que la casa del Padre en los últimos días sería llamada una casa de oración para todas las naciones. Finalmente, estas palabras estaban fuertemente relacionadas con el llamado de Dios para mi vida. En otras personas sucederán otras manifestaciones.

El Espíritu Santo continúa manifestándoseles a sus hijos después del bautismo en el Espíritu. Él es *santo*. Su pureza y santidad comienzan a filtrarse por las capas de nuestra alma y nos cambian. No podemos explicar el fruto, el denuedo y el asombroso poder del Espíritu de otra manera. Él nos mantiene más cerca que nunca. Lo que hicimos antes ya no nos atrae tanto. Ahora estamos motivados a agradar al Padre. Todas estas manifestaciones (y muchas otras) proporcionan la evidencia indiscutible de la validez del bautismo en el Espíritu; la evidencia no puede ser solamente el don de lenguas, aunque es importante.

El Consolador viene a nosotros, como lo prometió, cuando somos bautizados en el Espíritu Santo. Él viene todos los días para equiparnos, para iluminarnos, para revestirnos con su poder de lo alto. Si no amábamos a Dios antes, podremos amarlo ahora, porque Él que *es* amor, ahora vive en nosotros.

Mi casa ahora ha sido llenada hasta sobreabundar. ¿La suya?

Sopla en mí, aliento de Dios,
lléname de nueva vida otra vez,
para que yo pueda amar lo que tú amas,
y hacer lo que tú haces.

Sopla en mí, aliento de Dios
hasta que mi corazón sea puro,
hasta que contigo solo sea una voluntad,
para hacer y soportar.

Sopla en mí, aliento de Dios,
hasta que sea totalmente tuyo,
hasta que lo terrenal se aleje de mí
y yo brille con tu fuego divino.[3]

# 10

# CON ESTAS MANOS

SI VAMOS A construir una casa, seguramente terminaremos utilizando nuestras manos. Cualquier tipo de trabajo de construcción involucra las manos. Utilizaremos igualmente nuestras manos para construir la casa del Señor. Eso, también es seguro. De hecho, usaremos nuestras propias manos. Colóquelas justo frente a usted ahora y mírelas. Sí, con esas manos, Dios llevará a cabo su obra.

El autor de la epístola de los Hebreos deseaba desesperadamente que los creyentes maduraran, y exhortó a los receptores de su carta con estas palabras:

> Por tanto, dejando ya los rudimentos de la doctrina de Cristo, vamos adelante a la perfección; no echando otra vez el fundamento del arrepentimiento de obras muertas, de la fe en Dios, de la doctrina de bautismos, de la imposición de manos, de la resurrección de los muertos y del juicio eterno.
>
> —HEBREOS 6:1–2

He estado utilizando esta lista de los fundamentos de la fe, como base para este libro, *Una fe radical*. Además, deseo que los creyentes incrementen su madurez espiritual y, como lo mencioné en la introducción, siento que revisar el estado del fundamento de nuestras creencias es un buen comienzo. Por tal razón, hemos hablado de la salvación (capítulo 4), de la importancia fundamental del arrepentimiento (capítulo 5), de la gracia de Dios y la verdadera fe (capítulos 6 y 7), los bautismos (en plural, como lo vimos previamente en Hebreos 6:2, tanto el bautismo en agua, como el bautismo en el Espíritu Santo; capítulos 8 y 9) y ahora veremos la imposición de manos.

¿Será lo suficientemente importante como para clasificarla como otro elemento fundamental de la fe? ¿Un gesto tan suave; la decisión de una persona de poner sus manos sobre otra persona como complemento de pronunciar una bendición o de orar?

Sí, aparentemente la imposición de manos es tan importante como para que el escritor del libro de Hebreos la mencionara junto con lo que parecen ser los elementos fundamentales de más peso de la fe, tales como la salvación y el juicio eterno.

En verdad, la imposición de manos es un acto de fe. Un par de manos humanas ordinarias, una derecha y una izquierda, completan el vínculo entre el cielo y la Tierra. La imposición de manos libera las bendiciones, dedica y consagra, imparte dones espirituales, acompaña a las palabras proféticas y hace que sucedan milagros. Como sabemos, Dios puede utilizar el corazón, la mente y la voz humana también. Pero suceden cosas excepcionales cuando añade el elemento del *tacto*. ¡Oh, el toque de Dios!

Además de los dones, las bendiciones y los milagros, la imposición de manos puede impartir poder, amor e incluso disciplina. Por lo tanto, el apóstol Pablo exhortó a su amigo Timoteo, quien era más joven que él, a reavivar "el don de Dios que está en ti" (que probablemente era el evangelismo, un don que requiere de valentía, amor genuino y resolución):

> Por lo cual te aconsejo que avives el fuego del don de Dios que está en ti por la imposición de mis manos. Porque no nos ha dado Dios espíritu de cobardía, sino de poder, de amor y de dominio propio.
>
> —2 TIMOTEO 1:6–7

¿Cómo recibió el don Timoteo? A través de la imposición de manos. ¿Qué lo había equipado con el poder, el amor y la disciplina necesarios para poder llevar a cabo su llamado? La imposición de esas mismas manos. "El tímido Timo" necesitaba ayuda extra para declarar las buenas nuevas frente a todo tipo de multitudes. Él necesitaba poder para hacer milagros. Él necesitaba una unción contagiosa de amor. Y para poder comenzar, necesitaba "dominio propio", en otras palabras: una mente tranquila y bien equilibrada, disciplina y autocontrol (2 Timoteo 1:7). Un día, Pablo le impuso manos en una oración de impartición y de consagración, y esto le transmitió todo lo que necesitaría.

En sí, el toque conlleva sanidad y aliento. Cuando algunos padres llevaban a sus hijos con Jesús, Él imponía las manos sobre ellos. Él los bendecía (ver Mateo 19:13). Y así sabían que los amaba.

Cuando Pablo exhortó a los creyentes de Roma, Corinto, Tesalónica y probablemente de dondequiera que iba, a que se saludaran con "ósculo santo",[1] él se estaba asegurando de que la gente demostrara su amor y su compromiso mutuo de una manera tangible. En Estados Unidos y en el norte de Europa, no hacemos eso tanto como en otras culturas. Además de abrazar a los familiares, muchos de nosotros hemos tenido que aprender a abrazar a los demás. Seguramente estará de acuerdo en que los abrazos y los besos pueden comunicar amor, mejor que las palabras solas.

## TRES PRECEDENTES EN EL ANTIGUO TESTAMENTO

La cultura del Oriente Medio siempre se ha caracterizado por el uso significativo de tocar a otros con las manos, incluyendo la imposición de manos sobre otra persona para transmitir bendición o impartir dones de ciencia y autoridad para dirigir y gobernar. Particularmente vemos la importancia de las manos en la conocida bendición del anciano Jacob sobre sus nietos Efraín y Manasés; en la comisión de Moisés a su sucesor, Josué; y en el acto profético de Elías con el rey Joás, el cual incluyó un arco y una flecha.

Cuando el patriarca Jacob estaba decayendo debido a su edad, su hijo José le llevó a sus dos nietos, Efraín y Manasés, para un tiempo decisivo de bendición. José, como recordará, había terminado en Egipto y finalmente había llevado a su padre y al resto de su familia política a vivir allá. Mientras tanto, se había casado con una mujer egipcia, quien había dado a luz a dos hijos: Manasés (el hijo mayor) y Efraín (el hijo menor).

> Y vio Israel los hijos de José, y dijo: ¿Quiénes son éstos? Y respondió José a su padre: Son mis hijos, que Dios me ha dado aquí. Y él dijo: Acércalos ahora a mí, y los bendeciré. Y los ojos de Israel estaban tan agravados por la vejez, que no podía ver. Les hizo, pues, acercarse a él, y él les besó y les abrazó. Y dijo Israel a José: No pensaba yo ver tu rostro, y he aquí Dios me ha hecho ver también a tu descendencia.
>
> Entonces José los sacó de entre sus rodillas, y se inclinó a tierra. Y los tomó José a ambos, Efraín a su derecha, a la izquierda de Israel, y Manasés a su izquierda, a la derecha de Israel; y los acercó a él. Entonces Israel extendió su mano derecha, y la puso sobre la cabeza de Efraín, que era el menor, y su mano izquierda sobre la cabeza de Manasés, colocando así sus manos adrede, aunque Manasés era el primogénito.
>
> —Génesis 48:8–14

Jacob (Israel) enseguida pronunció bendiciones que correspondían con la imposición de sus manos. A pesar de que José colocara a sus hijos en las posiciones culturalmente dispuestas (para que el hijo mayor recibiera la bendición de la mano derecha de su abuelo, ante lo cual se sabía que llevaba una bendición mayor y el hijo menor la recibiera de la mano izquierda), Jacob cruzó sus manos una sobre otra. Él puso su mano derecha sobre la cabeza de Efraín, el hijo menor y la mano izquierda sobre la cabeza de Manasés, el hijo mayor.

Al cruzar las manos, Jacob soltó una bendición espiritual generacional sobre ellos en proporción a la imposición de sus manos, y no de acuerdo con el orden real de nacimiento de los chicos. Su bendición se cumplió a detalle sobre las siguientes generaciones. La imposición de manos de Jacob conllevaba una gran autoridad y poder.

Cien años después, cuando los israelitas se habían multiplicado grandemente, caído en esclavitud en Egipto, escapado milagrosamente bajo el liderazgo de Moisés y vagado por el desierto durante cuarenta años, vemos a Moisés al final de sus días, ya anciano, pidiéndole al Señor que enviara a otro líder en su lugar:

> Y Jehová dijo a Moisés: Toma a Josué hijo de Nun, varón en el cual hay espíritu, y pondrás tu mano sobre él; y lo pondrás delante del sacerdote Eleazar, y delante de toda la congregación; y le darás el cargo en presencia de ellos. Y pondrás de tu dignidad sobre él, para que toda la congregación de los hijos de Israel le obedezca. [...]
>
> Y Moisés hizo como Jehová le había mandado, pues tomó a Josué y lo puso delante del sacerdote Eleazar, y de toda la congregación; y puso sobre él sus manos, y le dio el cargo, como Jehová había mandado por mano de Moisés.
>
> —NÚMEROS 27:18–20, 22–23

La muerte de Moisés dejaría un hueco difícil de llenar. ¿Podría esta simple comisión proporcionarle la cantidad adecuada de fuerza y sabiduría para la sobrecogedora tarea de dirigir al pueblo de Israel hacia la Tierra Prometida? Sí, aparentemente para Moisés fue suficiente con nombrar a Josué como su sucesor e imponerle las manos para impartirle un poco de su autoridad. Lo sabemos debido a la evidencia:

> Y Josué hijo de Nun fue lleno del espíritu de sabiduría, porque Moisés había puesto sus manos sobre él; y los hijos de Israel le obedecieron, e hicieron como Jehová mandó a Moisés.
>
> —DEUTERONOMIO 34:9

Una de las características principales de moverse en una verdadera autoridad apostólica es la *sabiduría*. Moisés transmitió su linaje y su legado de liderazgo sabio, valiente y paciente, a través de la imposición de manos sobre su sucesor Josué. Josué no pudo haber obtenido ese nivel de sabiduría sin ese grado de autoridad de conocimiento, confirmación y liberación. Moisés recibió el mandamiento directo de Dios y hubo una impartición. Como resultado, el pueblo de Israel respetó a Josué como el sucesor del único líder que habían conocido y lo siguieron adondequiera que los condujo.

Pasaron otros quinientos años aproximadamente; varias generaciones. El profeta Eliseo se acercaba al final de su vida. De hecho, se encontraba en su lecho de muerte. Joás, el rey de Israel, lo buscó con una necesidad urgente, reconociendo con su saludo que la palabra de Eliseo tenía un gran poder sobre las victorias militares de Israel: "¡Padre mío, padre mío, carro de Israel y su gente de a caballo!":

> Estaba Eliseo enfermo de la enfermedad de que murió. Y descendió a él Joás rey de Israel, y llorando delante de él, dijo: ¡Padre mío, padre mío, carro de Israel y su gente de a caballo! Y le dijo Eliseo: Toma un arco y unas saetas. Tomó él entonces un arco y unas saetas. Luego dijo Eliseo al rey de Israel: Pon tu mano sobre el arco. Y puso él su mano sobre el arco. Entonces puso Eliseo sus manos sobre las manos del rey, y dijo: Abre la ventana que da al oriente. Y cuando él la abrió, dijo Eliseo: Tira. Y tirando él, dijo Eliseo: Saeta de salvación de Jehová, y saeta de salvación contra Siria; porque herirás a los sirios en Afec hasta consumirlos.
>
> —2 REYES 13:14–17

Eliseo, enfermo y débil, no disparó la flecha él mismo. Solamente colocó sus manos sobre las manos del rey y le dijo qué hacer, indicando con su gesto profético que Dios deseaba que el rey confrontara al enemigo arameo en Afec. Resultó que el rey se quedó corto en seguir lo que le pidió el profeta, por lo que Eliseo lo reprendió inmediatamente. Su tibia respuesta produjo solamente un resultado parcial en el campo de batalla. Si hubiera aprovechado la impartición de la fuerza victoriosa de Dios a través de las palabras y las manos de Eliseo, él habría prevalecido.

Esto no solo demuestra la importancia de la imposición de manos para impartir fortaleza, sino también el valor de recibir la impartición completa y de obedecer todas las instrucciones que Dios tenga a bien proporcionar. (Demuestra igualmente la efectividad potencial de permitir que un profeta de Dios imponga sus manos sobre un estratega militar. Con todas las guerras que existen en la actualidad, quién sabe la diferencia que esto marcaría).

En mi propia vida a lo largo de más de treinta años de ministerio me han impuesto manos muchas veces. Algunas de ellas han resultado en imparticiones y confirmaciones importantes. Otras veces, no he sentido nada y no he visto resultados, aunque continúo buscando. Una vez, cuando C. Peter Wagner nos impuso manos a mi esposa y a mí, definitivamente observé una diferencia más tarde. Después de que Peter, un estudiante y maestro/mentor perpetuo, orara por mí, mi nivel de confianza en Dios aumentó grandemente, en particular mi confianza en que Él me daría revelación. Comencé a pensar más clara y estratégicamente, algunas veces sentía como si en mi mente surgieran planos. Comencé a pensar en arbitrar entre líderes de la Iglesia que están unos contra otros, y en arbitrar entre países. Yo no lo había buscado. En cambio, eso me buscó a mí. Y me fue impartido a través de la imposición de manos.

Seis semanas antes de la graduación de mi esposa al cielo, ella y yo le impusimos manos a Julie Meyer, cantante profética, escritora y autora, para apartarla para el ministerio público. Sé que se llevó a cabo una impartición y una confirmación, y estoy seguro de que Julie jamás olvidará que ella fue la última persona en la Tierra sobre la que Michal Ann impuso manos en un acto de consagración.

## LA IMPARTICIÓN DE LOS DONES Y EL PODER DEL ESPÍRITU SANTO

En el capítulo anterior cubrimos el bautismo en el Espíritu Santo y no puedo considerar completa ninguna discusión al respecto sin hablar acerca del "puente" por el cual fluye la impartición de los dones y el poder del Espíritu Santo: la imposición de manos.

Cuando Pablo, el perseguidor de la Iglesia, fue derrumbado de camino a Damasco, ¿qué fue lo que finalizó su transformación? La visita de Ananías, quien le impuso manos y profetizó sobre él:

> Fue entonces Ananías y entró en la casa, y *poniendo sobre él las manos*, dijo: Hermano Saulo, el Señor Jesús, que se te apareció en el camino por donde venías, me ha enviado para que recibas la vista y seas lleno del Espíritu Santo.
>
> —HECHOS 9:17, ÉNFASIS AÑADIDO

Más tarde, cuando Saulo (ahora llamado Pablo) visitó Éfeso y encontró a aquellos doce creyentes que nunca habían escuchado del Espíritu Santo, ¿cómo recibieron al Espíritu y sus dones? A través de la imposición de manos de Pablo:

> Dijo Pablo: Juan bautizó con bautismo de arrepentimiento, diciendo al pueblo que creyesen en aquel que vendría después de él, esto es, en Jesús el Cristo. Cuando oyeron esto, fueron bautizados en el nombre del Señor Jesús. Y habiéndoles *impuesto* Pablo *las manos*, vino sobre ellos el Espíritu Santo; y hablaban en lenguas, y profetizaban.
>
> —HECHOS 19:4–6, ÉNFASIS AÑADIDO

El deseo profundo del apóstol Pablo era impartirles a los creyentes la fortaleza de Dios dondequiera que los encontrara, y la manera más común de llevar a cabo esa impartición era el simple gesto de imponer manos sobre cada uno. Como lo escribió a los creyentes Romanos, de quienes estaba ausente:

Porque deseo veros, para comunicaros algún don espiritual,
a fin de que seáis confirmados; esto es, para ser mutuamente
confortados por la fe que nos es común a vosotros y a mí.

—ROMANOS 1:11–12

Cuando el Cuerpo de Cristo sigue la dirección bíblica de
los gigantes de la fe que nos han precedido, en el proceso de
establecernos en la fe, necesitamos poner atención al simple
"lenguaje corporal" (¡juego de palabras inevitable!) tal como
la imposición de manos.

Así como la construcción de una casa de ladrillos y mor-
tero requiere de "imponer manos", también lo necesita el
establecimiento de los fundamentos y la construcción de la
casa de Dios, lo cual es el tema de este libro. La imposición
de manos, aunque no sea la única manera de edificar con el
poder del Espíritu de Dios, subsiste como una de las maneras
principales para llevarlo a cabo.

Sabemos que le impusieron manos a Timoteo cuando fue
comisionado por un grupo de profetas para servir a la creciente Iglesia (ver 1 Timoteo 1:18 y 4:14). Esto no fue tomado
a la ligera, sino más bien con un espíritu de humildad y de
oración. Una comisión tan respetuosa como esa sucede en la
actualidad. Personalmente, varios "Timoteos" me miraron
como su padre espiritual, su hermano mayor o su mentor.
Por ejemplo, fue un honor para mí imponer manos sobre
Matt Sorger de Long Island para reconocer su papel como
"evangelista" en esta generación y para confirmarlo, forta-
lecerlo y establecerlo.

Tal como lo llevó a cabo la iglesia primitiva, los creyentes
modernos siempre deben de buscar la dirección y la orientación del Espíritu Santo en asuntos pequeños así como en los
grandes. En lo que concierne a la imposición de manos, Él le
mostrará a su pueblo cuándo orar, cómo y con quién hacerlo.
Él nos proporcionará sabiduría y entendimiento para ayudarnos a reconocer nuestra propia necesidad de clamar por
el poder protector de la sangre de Cristo y la continua puri-
ficación de nuestro propio espíritu, de manera que podamos

vencer cualquier tipo de influencia espiritual maligna que pueda intentar actuar en, o a través de, alguien sobre quien se haya impuesto manos.

## MINISTRAR COMPASIÓN, LIBERACIÓN Y BENDICIÓN

La imposición de manos no solamente imparte bendición y consagración, como lo muestra el caso de Timoteo. El poder sanador, así como la liberación, también vienen a través de la imposición de manos. ¡Con estas manos bastante naturales sucede la actividad sobrenatural del Espíritu Santo!

Recuerde que, en todo lo que Él hace, el Espíritu Santo ministra su propia naturaleza, la cual es amor. Jesús mismo estableció el patrón. Él se movió en milagros de sanidad y de liberación, utilizando frecuentemente el toque de sus manos, sanando a todos los que acudían a Él:

> Al ponerse el sol, todos los que tenían enfermos de diversas enfermedades los traían a él; y él, poniendo las manos sobre cada uno de ellos, los sanaba. También salían demonios de muchos, dando voces y diciendo: Tú eres el Hijo de Dios. Pero él los reprendía y no les dejaba hablar, porque sabían que él era el Cristo.
> —LUCAS 4:40–41

> Volviendo a salir de la región de Tiro, vino por Sidón al mar de Galilea, pasando por la región de Decápolis. Y le trajeron un sordo y tartamudo, y le rogaron que le pusiera la mano encima [...] Al momento fueron abiertos sus oídos, y se desató la ligadura de su lengua, y hablaba bien.
> —MARCOS 7:31–32, 35

> Entonces, tomando la mano del ciego, le sacó fuera de la aldea; y escupiendo en sus ojos, le puso las manos encima, y le preguntó si veía algo. Él, mirando, dijo: Veo los hombres como árboles, pero los veo que andan. Luego le puso otra vez las manos sobre los ojos, y le

hizo que mirase; y fue restablecido, y vio de lejos y claramente a todos.

—MARCOS 8:23–25

Y vino uno de los principales de la sinagoga, llamado Jairo; y luego que le vio, se postró a sus pies, y le rogaba mucho, diciendo: Mi hija está agonizando; ven y pon las manos sobre ella para que sea salva, y vivirá.

—MARCOS 5:22–23

De seguro, estas historias pudieron haber sido contadas una y otra vez, ya que Juan escribió: "Y hay también otras muchas cosas que hizo Jesús, las cuales si se escribieran una por una, pienso que ni aun en el mundo cabrían los libros que se habrían de escribir" (Juan 21:25).

Antes de ascender al cielo, Jesús les dijo a sus discípulos qué señales del mismo poder les seguirían, cuando impusieran las manos sobre los enfermos:

Y estas señales seguirán a los que creen: En mi nombre echarán fuera demonios; hablarán nuevas lenguas; tomarán en las manos serpientes, y si bebieren cosa mortífera, no les hará daño; sobre los enfermos pondrán sus manos, y sanarán.

—MARCOS 16:17–18

Junto con el ministerio de sanidad de Jesús estaba echar fuera demonios o la liberación[2] (ver, por ejemplo, Lucas 4:41). El apóstol Pablo y otros más, en los relatos del Nuevo Testamento, encontraron que el poder extraordinario de Jesús fluía también a través de sus manos. Él llevaba a cabo milagros regularmente, entre los que se encontraban milagros de liberación (ver Hechos 19:11). El apóstol Santiago les ordenó a los ancianos de las iglesias primitivas que ungieran a los enfermos con aceite y oraran por su sanidad, lo cual es en esencia imposición de manos añadiendo aceite (ver Santiago 5:14–15).

Jesús, junto con los resultados más espectaculares de la sanidad y la liberación, enseñó acerca de la imposición de

manos para bendecir. Al principio, los discípulos no apreciaron
su importancia:

> Entonces le fueron presentados unos niños, para que
> pusiese las manos sobre ellos, y orase; y los discípulos
> les reprendieron. Pero Jesús dijo: Dejad a los niños venir
> a mí, y no se lo impidáis; porque de los tales es el reino
> de los cielos. Y habiendo puesto sobre ellos las manos, se
> fue de allí.
>
> —MATEO 19:13–15

Saber lo que hizo Jesús dignifica y santifica nuestros toques
de amor aparentemente casuales. Algunas veces, con algo tan
simple como un toque en la cabeza de un niño o un apretón
de manos, podemos transmitir las cariñosas bendiciones de
Dios a otra persona, ya sea joven o anciana. Con la dirección del Espíritu Santo, algunas veces yo cierro congresos o
reuniones especiales imponiendo las manos sobre cada persona presente para bendecirlos. Suceden todo tipo de cosas
sobrenaturales en ese momento: sanidades, impartición de
dones espirituales y de poder. ¡Más, Señor!

## IMPOSICIÓN DE MANOS PARA ESTABLECER EL LIDERAZGO DE LA IGLESIA

A lo largo de la historia de la Iglesia, la imposición de manos
también ha sido utilizada para establecer y consagrar a hombres y mujeres para los papeles de liderazgo en las iglesias
locales, así como en los ministerios ambulantes de la Iglesia.

Una vez más, vemos el patrón en el Nuevo Testamento. La
oración, junto con la imposición de manos, confirmaba tanto
a diáconos como a ancianos en sus posiciones:

> En aquellos días, como creciera el número de los dis-
> cípulos, hubo murmuración de los griegos contra los
> hebreos, de que las viudas de aquéllos eran desatendidas
> en la distribución diaria. Entonces los doce convocaron
> a la multitud de los discípulos, y dijeron: No es justo
> que nosotros dejemos la palabra de Dios, para servir a
> las mesas. Buscad, pues, hermanos, de entre vosotros

a siete varones de buen testimonio, llenos del Espíritu Santo y de sabiduría, a quienes encarguemos de este trabajo. Y nosotros persistiremos en la oración y en el ministerio de la palabra.

Agradó la propuesta a toda la multitud; y eligieron a Esteban, varón lleno de fe y del Espíritu Santo, a Felipe, a Prócoro, a Nicanor, a Timón, a Parmenas, y a Nicolás prosélito de Antioquía; a los cuales presentaron ante los apóstoles, quienes, orando, les impusieron las manos.

—HECHOS 6:1–6

La joven Iglesia rápidamente creciente necesitaba a alguien que sirviera con una capacidad administrativa para ayudar a suplir las necesidades de sus miembros. A través de la sabiduría inspirada de los doce apóstoles originales, fueron elegidos siete hombres calificados con oración e imposición de manos.

Al nombrarlos en público de esta manera, los apóstoles reconocieron el carácter confiable de estos hombres que comisionaron para un papel específico. Además, ellos le transmitieron a cada hombre una medida de la gracia y la sabiduría divinas que necesitarían para llevar a cabo las tareas del Espíritu Santo. En por lo menos dos casos que conocemos (Esteban y Felipe), estos diáconos no permanecieron confinados al servicio de las mesas de las viudas, sino que edificaron sobre sus dones y su llamado, para convertirse, entre otras cosas, en evangelistas eficaces.

Puedo imaginarme a Felipe atendiendo mesas y obteniendo palabras de ciencia para las viudas mientras lo hacía. La fidelidad a sus dones y servicio le dieron más autoridad sobre las riquezas espirituales. Él continuó siendo diácono con un corazón de servicio acorde con su designación, pero Esteban y él (más tarde guiados en su propia atmósfera de influencia) pudieron diversificarse como evangelistas, consiguiendo un éxito sin precedentes (ver Hechos 8:26–40, el relato de la conversión del eunuco etíope). De hecho, Felipe es el único "evangelista" mencionado por nombre en el Nuevo Testamento (ver Hechos

21:8). ¡Qué asombrosa multiplicación de la gracia y el poder que habían sido impartidos a través de la imposición de manos!

Ahora que los apóstoles/ancianos tenían diáconos para darle seguimiento a los detalles diarios de la vida de la Iglesia, pudieron dedicarse de tiempo completo a "la oración y [...] el ministerio de la palabra" (Hechos 6:4). Sin embargo, ellos no tenían que cuidar cada iglesia que nacía. Las iglesias extendidas por el Imperio Romano, incluyendo las de Listra, Iconio y Antioquía (la Antioquía de Pisidia), también comenzaron a apartar ancianos para que pastorearan sus iglesias. (Ver, por ejemplo, Hechos 14:23 y 1 Timoteo 5:17–22, con respecto al establecimiento de ancianos en otros lados).

Pablo (llamado Saulo en ese tiempo) era uno de los cinco profetas/maestros de la iglesia de Antioquía (la Antioquía siria, diferente de la Antioquía de Pisidia) cuando él y Bernabé fueron enviados a ministrar más extensamente como apóstoles. ¿Cómo fueron enviados? Con ayuno y oración, y con la imposición de manos. En primer lugar, los creyentes ayunaron como grupo con el fin de recibir la revelación sobrenatural de la voluntad de Dios. Después de llegar a un consenso acerca de a quienes había designado Dios, ayunaron y oraron juntos de nuevo por esos dos hombres, Saulo y Bernabé, clamando del cielo el poder y la gracia divinos que necesitarían para las tareas desconocidas que vendrían. Y por último, les impusieron manos para impartirles no solamente un nuevo llamado, sino para suplir los dones y la fe que necesitarían para los viajes que emprenderían.

No sabemos si toda la iglesia de Antioquía les impuso manos o si solamente lo hicieron los líderes, pero la imposición de manos fue el método operativo:

> Había entonces en la iglesia que estaba en Antioquía, profetas y maestros: Bernabé, Simón el que se llamaba Niger, Lucio de Cirene, Manaén el que se había criado junto con Herodes el tetrarca, y Saulo. Ministrando éstos al Señor, y ayunando, dijo el Espíritu Santo: Apartadme a Bernabé y a Saulo para la obra a que los he llamado.

Entonces, habiendo ayunado y orado, les impusieron las manos y los despidieron.

Ellos, entonces, enviados por el Espíritu Santo, descendieron a Seleucia, y de allí navegaron a Chipre.

—HECHOS 13:1-4

¿Qué surgió de este envío tan cuidadoso? Lo vemos en el siguiente capítulo:

De allí navegaron a Antioquía, desde donde habían sido encomendados a la gracia de Dios para la obra que habían cumplido. Y habiendo llegado, y reunido a la iglesia, refirieron cuán grandes cosas había hecho Dios con ellos, y cómo había abierto la puerta de la fe a los gentiles.

—HECHOS 14:26-27

En otras palabras, cuando la iglesia de Antioquía impuso manos sobre Saulo y Bernabé para enviarlos como apóstoles, Dios utilizó sus oraciones para abriles puertas. Ellos no tuvieron que gastar preciosos recursos para golpear puertas cerradas o para enviar a casa peticiones urgentes de oración para obtener un avance. El poder de alcanzar a los gentiles para la fe, había sido generado por la oración y el ayuno colectivos, y les habían sido impartidos a Bernabé y a Saulo a través de la imposición de manos durante la oración de comisión.

A menudo para hablar de los dones y los oficios que el Espíritu Santo desea darles a los miembros del Cuerpo de Cristo en la Tierra, mencionamos el ministerio "quíntuple" del Espíritu. Cualquier discusión acerca de establecer los fundamentos de la fe del Cuerpo de Cristo hace referencia a este pasaje del libro de Efesios:

Y él mismo constituyó a unos, apóstoles; a otros, profetas; a otros, evangelistas; a otros, pastores y maestros, a fin de perfeccionar a los santos para la obra del ministerio, para la edificación del cuerpo de Cristo, hasta que todos lleguemos a la unidad de la fe y del conocimiento del Hijo de Dios, a un varón perfecto, a la medida de la estatura de la plenitud de Cristo.

—Efesios 4:11–13

La imposición de manos, como lo hemos visto, juega un papel importante en la impartición de los dones del Espíritu y en la comisión de personas para servir en ciertas capacidades dentro de la Iglesia. Es una responsabilidad solemne. Pablo le aconsejó particularmente a Timoteo acerca de los ancianos (ver 1 Timoteo 5:17–22). Le advirtió en el versículo 22 que no impusiera manos "con ligereza" sobre un anciano potencial, sin antes discernir sus pecados y puntos débiles escondidos. Como lo exponen algunas traducciones modernas: "Nunca te apresures cuando tengas que nombrar a un líder de la iglesia" (NTV).

## Con estas manos

Las manos de los creyentes, sean líderes o no, ministran a otros el poder de Dios. Incluso en el bautismo en agua las manos son importantes debido a que quien administra el bautismo debe asir a la persona que está siendo bautizada mientras ella se sumerge en el agua.

Hemos revisado la importancia de la imposición de manos para la transmisión del bautismo en el Espíritu Santo. La imposición de manos es igualmente importante para la impartición en oración de los dones espirituales, la ministración de la sanidad y la liberación de espíritus malignos y la liberación de la bendición; sin mencionar la consagración y nombramiento de los ministerios locales y translocales.

Por todas estas razones, la orden de imponer manos ha tomado su lugar entre las doctrinas fundamentales de la fe cristiana, como lo describe Hebreos 6:2.

Nuestras manos son sus manos en la Tierra. Bajo la inspiración del Espíritu, nuestras manos pueden llevar a cabo su trabajo. Cuando le obedecemos al utilizar nuestras manos, no solamente llevamos a cabo su obra, sino también le adoramos:

Así que, hermanos, os ruego por las misericordias de Dios, que presentéis vuestros cuerpos en sacrificio vivo, santo, agradable a Dios, que es vuestro culto racional.

—Romanos 12:1

Nuestras manos son manos santas cuando son apartadas para el Señor. Él utilizará nuestras manos —sí, nuestras propias manos— para liberar el poder de su amor y su bendición.

Cristo, de quien fluyen las bendiciones,
Perfeccionando a los santos abajo,
Escúchanos a quienes compartimos tu naturaleza,
Quienes somos tu cuerpo místico.

Únete a nosotros, en un solo espíritu,
Permítenos recibir de lo tuyo;
Te llamamos para obtener más,
Tú quien lo llenas todo.

Muévete y acciona, y guía,
Diversos dones a cada uno da;
De acuerdo con tu gracia proporcionados,
Permítenos cumplir tu obra.

Nunca te muevas de tu servicio,
Es necesario que nos probemos;
Utiliza la gracia sobre cada uno,
Suavizada por el arte de Dios.[3]

# 11

# LA RESURRECCIÓN DE LOS MUERTOS

EN NUESTRO PROCESO de construcción, ya casi tenemos construida una casa completa sobre nuestros firmes cimientos. Ahora estamos a punto de "volar el techo", por decirlo de algún modo, al abordar esta siguiente doctrina estratégica de la fe cristiana.

En la iglesia metodista en la que crecí, todos los domingos recitábamos el Credo de los Apóstoles.[1] Juntos, afirmábamos que Jesús fue "crucificado, muerto y sepultado. Descendió a los infiernos. Al tercer día resucitó de entre los muertos".

"Él resucitó de entre los muertos". Jesús había sido crucificado, torturado a muerte. Él estaba completamente muerto. Sus amigos envolvieron su cuerpo en un sudario y lo colocaron en la tumba. Sin embargo, tres días después, Él estaba completamente vivo, resucitado de entre los muertos y nunca volvería a morir.

De vez en cuando, otras personas resucitan después de haber sido declaradas muertas clínicamente. Pero todos ellos morirán de nuevo algún día. Jesús no. La resurrección de Jesús es permanente. Su vida es eterna. Ningún otro ser humano en la historia puede afirmar esto.

Su muerte y su resurrección son extraordinarias, no por esta razón, sino por las repercusiones para su Cuerpo en la Tierra, compuesto por los creyentes como usted y como yo, del pasado, del presente y del futuro.

La muerte y la resurrección de Jesús han garantizado el acceso a vida permanente y eterna para todo aquel que la toma como una de las verdades fundamentales de las buenas nuevas del evangelio del Reino.

La resurrección de Jesús es el eje de toda la historia, pasada, presente y futura.

## SIETE RESURRECCIONES DISTINTAS

Todas las resurrecciones de la historia, incluyendo las resurrecciones espirituales, están conectadas con la resurrección de Jesucristo. Podemos clasificarlas en tres grupos principales: (1) resurrecciones corporales; (2) resurrecciones espirituales; y (3) resurrecciones futuras de juicio y galardón. Para obtener una mejor perspectiva, deseo profundizar más en cada una de estas áreas de discusión, con muchos ejemplos, especialmente de la Biblia.

Al ampliar el número de categorías de tres a siete tipos de resurrección, puedo ver lo siguiente: (1) resurrecciones físicas pasadas, registradas en la Escritura; (2) la pasada resurrección física de Jesucristo, la cual es en sí una categoría aparte; (3) la presente resurrección de los creyentes en el sentido espiritual; (4) las resurrecciones pasadas de la historia de la Iglesia; (5) las resurrecciones de la actualidad; (6) la futura resurrección física de los creyentes; y (7) la futura resurrección personal de los no creyentes.

### Resurrecciones físicas pasadas registradas en la Escritura

Yo siempre comienzo con Isaac, el hijo de Abraham, el padre de nuestra fe, aunque no haya muerto en el altar del sacrificio en la conocida historia (ver Génesis 22:1–19 y Hebreos 11:17–19). El relato nos da un patrón para la resurrección de los muertos; una plantilla para lo que sucedió más tarde con Jesús mismo. Una línea en el capítulo once de Hebreos, nos dice que Abraham creyó que Dios es poderoso para levantar aun de entre los muertos:

> Por la fe Abraham, cuando fue probado, ofreció a Isaac; y el que había recibido las promesas ofrecía su unigénito, habiéndosele dicho: En Isaac te será llamada descendencia; pensando que Dios es poderoso para levantar

aun de entre los muertos, de donde, en sentido figurado, también le volvió a recibir.

—HEBREOS 11:17–19

Dios le había prometido a Abraham que toda la Tierra sería bendecida a través de su simiente. Y más tarde le ordenó que asesinara a su hijo, quien nació por un milagro de su esposa en su vejez. Cuando el ángel proveyó el carnero para el sacrificio en el último momento, eso fue como una instantánea de lo que sucedería siglos después, cuando el Hijo unigénito de Dios fuera ofrecido como sacrificio, pero resucitado después de la muerte, en una resurrección real.

La vida del profeta Elías nos proporciona dos ejemplos distintos de resurrección, incluyendo entre estos una resurrección física, la resurrección del hijo de la viuda:

Él le dijo: Dame acá tu hijo. Entonces él lo tomó de su regazo, y lo llevó al aposento donde él estaba, y lo puso sobre su cama. Y clamando a Jehová, dijo: Jehová Dios mío, ¿aun a la viuda en cuya casa estoy hospedado has afligido, haciéndole morir su hijo? Y se tendió sobre el niño tres veces, y clamó a Jehová y dijo: Jehová Dios mío, te ruego que hagas volver el alma de este niño a él. Y Jehová oyó la voz de Elías, y el alma del niño volvió a él, y revivió.

Tomando luego Elías al niño, lo trajo del aposento a la casa, y lo dio a su madre, y le dijo Elías: Mira, tu hijo vive.

—1 REYES 17:19–23

Elías, después de tener una vida larga y llena de acontecimientos, tampoco murió como una persona ordinaria, fue llevado al cielo físicamente (ver 2 Reyes 2:1, 11). Seguramente, este completo escape de la muerte califica como un tipo de resurrección de entre los muertos.

En una historia muy parecida a la de su amo Elías, el profeta Eliseo levantó a otro niño de la muerte:

Y venido Eliseo a la casa, he aquí que el niño estaba muerto tendido sobre su cama. Entrando él entonces, cerró la puerta tras ambos, y oró a Jehová. Después subió y se tendió sobre el niño, poniendo su boca sobre la boca de él, y sus ojos sobre sus ojos, y sus manos sobre las manos suyas; así se tendió sobre él, y el cuerpo del niño entró en calor. Volviéndose luego, se paseó por la casa a una y otra parte, y después subió, y se tendió sobre él nuevamente, y el niño estornudó siete veces, y abrió sus ojos.

—2 REYES 4:32–35

Otro personaje del Antiguo Testamento que no vio la muerte, fue Enoc, el padre de Matusalén (conocido principalmente por su vida increíblemente larga). Pero Enoc, hasta donde se sabe, simplemente desapareció de este planeta. El relato bíblico dice: "Caminó, pues, Enoc con Dios, y desapareció, porque le llevó Dios" (Génesis 5:24). Como la de Elías, la experiencia de Enoc es un tipo o un matiz de la resurrección del Salvador que ocurriría muchos siglos después.

En el tiempo del Antiguo Testamento, otras resurrecciones debieron haber sucedido, aunque no están registradas. Basamos nuestra suposición en la redacción del capítulo once de Hebreos, el cual menciona que las mujeres recibieron a sus muertos mediante resurrección (ver v. 35). Esto podría incluir solamente a las dos mujeres cuyos hijos fueron levantados de la muerte por Elías y por Eliseo, pero es probable que hayan sucedido más resurrecciones.

Lo mismo puede aplicarse para el Nuevo Testamento, el cual no pretende capturar todos los relatos conocidos de resurrección. Las resurrecciones más significativas del Nuevo Testamento, además de la de Jesús mismo, incluyen la historia de Lázaro, el amigo de Jesús (ver Juan 11:44), la resurrección de la hija recién fallecida del principal de la sinagoga (ver Marcos 5:41–42), las resurrecciones de los santos en los sepulcros en el momento de la muerte de Jesús por crucifixión (ver Mateo 27: 50–54) e incluso la resurrección profética de los dos testigos en el capítulo once del libro de Apocalipsis (ver vv. 1–13).

## La resurrección física de Cristo

En este capítulo, más adelante, hablaremos con más profundidad de la resurrección de Jesús en términos de su significado para los creyentes, pero para el propósito de una lista exhaustiva de los diferentes tipos de resurrección, debemos incluirla aquí. Los relatos de los cuatro Evangelios concuerdan sin controversia alguna en que el Señor Jesucristo fue muerto y sepultado, y resucitó, permitiéndose ser visto por muchos y conversar en cierto grado con sus discípulos.

> El primer día de la semana, muy de mañana, vinieron al sepulcro, trayendo las especias aromáticas que habían preparado, y algunas otras mujeres con ellas. Y hallaron removida la piedra del sepulcro; y entrando, no hallaron el cuerpo del Señor Jesús. Aconteció que estando ellas perplejas por esto, he aquí se pararon junto a ellas dos varones con vestiduras resplandecientes; y como tuvieron temor, y bajaron el rostro a tierra, les dijeron: ¿Por qué buscáis entre los muertos al que vive? No está aquí, sino que ha resucitado. Acordaos de lo que os habló, cuando aún estaba en Galilea, diciendo: Es necesario que el Hijo del Hombre sea entregado en manos de hombres pecadores, y que sea crucificado, y resucite al tercer día.
>
> —Lucas 24:1–7

Para conocer los relatos acerca de cuando los discípulos descubrieron que Jesús había resucitado de entre los muertos —cada uno de los cuales incluye detalles diferentes— puede leer Mateo 28:5–10, Marcos 16:5–13 y Juan 20:1–9.

La resurrección de Jesús fue un momento en la historia sin precedentes ni comparación, acompañado de muchas señales de su importancia eterna, tal como un terremoto, la rasgadura del velo del Templo desde arriba y la resurrección de los santos muertos quienes caminaron por las calles. Después de su resurrección, en la mañana de Pascua, ya nada sería igual.

## *La resurrección espiritual del creyente*

Jesús mismo, a través de su muerte y su resurrección, se hizo uno con los pecadores, de manera que pudiéramos compartir su muerte, su sepultura, su resurrección y su posterior ascensión. Este es el núcleo de nuestra fe.

Por lo tanto, nos demos cuenta o no, todos hemos experimentado una resurrección. En un sentido espiritual, hemos muerto a nuestra antigua vida y hemos resucitado a una nueva vida (ver Romanos 6:1–11). Las palabras de la Escritura entrelazan la verdad, de manera que nosotros podamos comprenderla:

> Sepultados con él en el bautismo, en el cual fuisteis también resucitados con él, mediante la fe en el poder de Dios que le levantó de los muertos.
>
> —Colosenses 2:12

> Y él os dio vida a vosotros, cuando estabais muertos en vuestros delitos y pecados, en los cuales anduvisteis en otro tiempo, siguiendo la corriente de este mundo, conforme al príncipe de la potestad del aire, el espíritu que ahora opera en los hijos de desobediencia, entre los cuales también todos nosotros vivimos en otro tiempo en los deseos de nuestra carne, haciendo la voluntad de la carne y de los pensamientos, y éramos por naturaleza hijos de ira, lo mismo que los demás. Pero Dios, que es rico en misericordia, por su gran amor con que nos amó, aun estando nosotros muertos en pecados, nos dio vida juntamente con Cristo (por gracia sois salvos), y juntamente con él nos resucitó, y asimismo nos hizo sentar en los lugares celestiales con Cristo Jesús, para mostrar en los siglos venideros las abundantes riquezas de su gracia en su bondad para con nosotros en Cristo Jesús. Porque por gracia sois salvos por medio de la fe; y esto no de vosotros, pues es don de Dios; no por obras, para que

nadie se gloríe. Porque somos hechura suya, creados en Cristo Jesús para buenas obras, las cuales Dios preparó de antemano para que anduviésemos en ellas.

—Efesios 2:1–10

Porque yo por la ley soy muerto para la ley, a fin de vivir para Dios. Con Cristo estoy juntamente crucificado, y ya no vivo yo, mas vive Cristo en mí; y lo que ahora vivo en la carne, lo vivo en la fe del Hijo de Dios, el cual me amó y se entregó a sí mismo por mí. No desecho la gracia de Dios; pues si por la ley fuese la justicia, entonces por demás murió Cristo.

—Gálatas 2:19–20

Porque el amor de Cristo nos constriñe, pensando esto: que si uno murió por todos, luego todos murieron; y por todos murió, para que los que viven, ya no vivan para sí, sino para aquel que murió y resucitó por ellos. De manera que nosotros de aquí en adelante a nadie conocemos según la carne; y aun si a Cristo conocimos según la carne, ya no lo conocemos así. De modo que si alguno está en Cristo, nueva criatura es; las cosas viejas pasaron; he aquí todas son hechas nuevas.

—2 Corintios 5:14–17

La resurrección espiritual es tan "real" como una resurrección física, con un número igual de pruebas. Por ejemplo, los creyentes que hemos sido resucitados juntamente con Cristo para sentarnos en los lugares celestiales con Él, experimentamos una *vida nueva* evidente (ver Romanos 6:4). Nuestra mente ahora está puesta en cosas nuevas (ver Colosenses 3:1–2), porque hemos sido adquiridos por un nuevo amo (ver 2 Corintios 5:15). Ya no "llevamos la batuta" de nuestra vida y ya no estamos atados por nuestra vieja naturaleza pecaminosa que ahora está muerta. En cambio, Él nos ha resucitado a una nueva vida de pureza y de gozo (ver Romanos 6:11).

## Las resurrecciones pasadas en la historia de la Iglesia

Jesús comisionó claramente a sus discípulos diciendo: "Sanad enfermos, limpiad leprosos, *resucitad muertos*, echad fuera demonios; de gracia recibisteis, dad de gracia" (Mateo 10:8, énfasis añadido). Cuando Lucas escribió los Hechos de los Apóstoles, reportó que Pablo le dijo al rey Agripa: "¿Se juzga entre vosotros cosa increíble que Dios resucite a los muertos?" (Hechos 26:8).

Las fenomenales resurrecciones no terminaron con la era apostólica, como lo ha afirmado mucha gente. El nivel de expectativa comenzó en los primeros días de la vida de la Iglesia y tales milagros continuaron dondequiera que la gente de fe veía necesidad. Se escuchan relatos precisos, a menudo exagerados al ser contados una y otra vez; pero, piense en las múltiples historias que se contaron en el contexto de la vida de los santos, particularmente de las ramas católica y orto- doxa de la Iglesia.

Por ejemplo, San Francisco de Paula, nació siendo un cam- pesino y nunca fue educado formalmente, fundó un monas- terio en su ciudad natal de Paula, en el "tacón" de la bota de Italia. Durante la construcción del monasterio en 1435, recibió dos veces a obreros fatalmente lesionados. Un hombre había sido aplastado por una pesada viga. "Francisco tocó el cadáver destrozado con algunas hierbas y el obrero se levantó, como si simplemente hubiera estado tomando una siesta".[2]

Otra vez, un peón llamado Domenico Sapio murió al ser aplastado por un árbol. Francisco declaró: "En el nombre de la caridad, Domenico, ¡levántate!", y Domenico se levantó, se acicaló, le agradeció a Francisco y regresó a trabajar como si nada hubiera sucedido.[3] Francisco oraba a menudo: "En el nombre de la caridad [del amor]", porque pensaba en cada milagro como un signo del amor de Dios hacia el receptor.

## Las resurrecciones actuales

Yo tengo conocimiento de una serie de resurrecciones físicas que han sucedido en muchos países alrededor del mundo, como en África, en México, en Cambodia, en Haití y en la

162

República Checa. Mi querido amigo y evangelista de sanidad, Mahesh Chavda, ha orado por más de una persona muerta que ha sido resucitada como consecuencia. Los líderes indígenas que trabajan con Rolland y Heidi Baker de Iris Ministries en Mozambique, han registrado más de treinta resurrecciones. El ministerio de David Hogan en México cuenta historia tras historia de sanidades, milagros y resurrecciones de entre los muertos.

Para que los relatos no sean descartados por venir de personas desesperadamente pobres del Tercer Mundo, deseo asegurarle que muchos testimonios increíbles provienen de Norteamérica y de Europa, tal como el siguiente, una resurrección después de un fatal accidente automovilístico en 1997, en Montreal, Canadá. Sucedió después de la oración de un evangelista llamado Scott Holtz, quien se detuvo en la escena por casualidad. En su sitio de Internet, una fotografía del equipo de emergencia médica cargando el cuerpo de la mujer que murió, acompaña el testimonio:

> Seis de octubre de 1997: Acabando de terminar las reuniones de avivamiento en Montreal, Canadá, y de camino al aeropuerto, el lunes por la mañana, el sedán negro frente a nosotros perdió el control y golpeó contra la barandilla protectora, la cual chocó contra la ventana del pasajero como una jabalina, golpeando a la conductora en el rostro y asesinándola inmediatamente. Fuimos uno de los primeros coches que llegó a la escena y, 35 minutos después, ¡oramos por ella y resucitó! Usted observará en la fotografía que ella no tiene ojo derecho, pero de camino al hospital, después de resucitar, ¡Dios le dio un ojo derecho nuevo![4]

En una colección de historias en internet acerca de resurrecciones en la actualidad, el historiador de la iglesia, Richard Riss, incluye más detalles acerca de esta misma historia en un artículo de 1998 de la revista canadiense, *Arise*:

> Mientras lo transportaban hacia el aeropuerto para abordar un vuelo a las 6:00 a.m. desde Montreal, el

evangelista Scott Holtz y su chofer, Henry Pierre, se encontraron con una escena devastadora. Un coche había golpeado contra una barandilla protectora a alta velocidad y el suyo fue uno de los primeros coches en llegar a la escena y proporcionar ayuda.

"Cuando vimos la gravedad de las heridas que sufrió la conductora, nos asustamos", explicó Holtz.

La barandilla de metal había traspasado su ventana y parte de su cabeza. "Cuando la gente se detuvo para ayudar a la mujer, nadie deseaba acercársele por la terrible herida abierta que había sufrido en su rostro y en su cabeza", recordó Holtz.

Habiendo llamado a la policía por celular, Holtz y Pierre esperaron en el lugar alrededor de veinte minutos para que llegaran [...] Continuaron buscando para ver si respiraba de nuevo. Pero no había señales de vida.

"Su corazón ya no estaba bombeando sangre a causa de las enormes heridas de su cabeza —relató Holtz—. Ella murió instantáneamente después del impacto". Los primeros oficiales de policía de Montreal que llegaron a la escena ni siquiera intentaron revivirla. En cambio, simplemente "se alejaron horrorizados para desviar el tráfico".

El oficial al mando llegó más tarde e inspeccionó a la mujer. Entonces regresó a su camioneta para tomar una lona amarilla para envolver su cuerpo.

"En este punto, mi amigo y yo comenzamos a sentir un amor y una unción tremendos por esta mujer —afirmó Holtz—. Comenzamos a orar en voz alta por ella y, de pronto, ¡resucitó!". Su cabeza comenzó a moverse hacia adelante y hacia atrás. Le regresó el color a su piel y a lo que le restaba de rostro. La sangre comenzó a fluir por sus heridas abiertas cuando su corazón comenzó a latir de nuevo [...]

El oficial de policía a cargo se "sorprendió" por lo que estaba sucediendo. Incluso dos operadores de camión se asustaron y se fueron cuando la vieron resucitar [...]

Holtz y Pierre tuvieron que dejar la escena cuando llegó

la ambulancia y continuaron de camino al aeropuerto como se habían propuesto originalmente [...]

El oficial que se encontraba en la escena del accidente estaba aparentemente tan impactado al ver a estos dos cristianos orando por la mujer del coche esa mañana que la historia comenzó a circular en la estación.

Un oficial en particular decidió investigar el reporte policíaco para averiguar lo que había sucedido. Evidentemente, la mujer había sido transportada a un hospital cercano y le dijeron a su familia que ella había muerto. Sin embargo, cuando llegaron, descubrieron que ella seguía con vida.

Henry Pierre encontró el nombre del hospital y fue a ver si podía obtener más información. De modo inesperado, se encontró con la familia que estaba esperando en la Unidad de Cuidados Intensivos. Pudo contarles la historia verdadera de lo que sucedió esa mañana, lo cual hizo que la familia "rompiera en un llanto sobrecogedor de gozo y consuelo".

"Los médicos dijeron que pudieron salvar su ojo derecho —relató Scott—. Esto nos sobresaltó completamente, porque en la escena del accidente, ella no tenía ojo derecho. Solamente había una cuenca sangrienta".[5]

Muchas otras historias actuales, como esta, se podrían relatar igualmente.

### *La futura resurrección física de los creyentes*

Basados en pasajes tales como Mateo 24:31, Juan 5:25 y Juan 6:39-40, el Credo de los Apóstoles termina con estas palabras: "Creo en [...] la resurrección de los muertos, y la vida eterna". Sin comprender exactamente en qué consiste, los creyentes están seguros de que llegará el día en que su cuerpo terrenal será perfeccionado y su espíritu será saciado de Vida. Jesús lo explica de esta manera: "Y enviará sus ángeles con gran voz de trompeta, y juntarán a sus escogidos, de los cuatro vientos, desde un extremo del cielo hasta el otro" (Mateo

24:31). Él afirmó también: "De cierto, de cierto os digo: Viene la hora, y ahora es, cuando los muertos oirán la voz del Hijo de Dios; y los que la oyeren vivirán" (Juan 5:25), y:

> Y esta es la voluntad del Padre, el que me envió: Que de todo lo que me diere, no pierda yo nada, sino que lo resucite en el día postrero. Y esta es la voluntad del que me ha enviado: Que todo aquél que ve al Hijo, y cree en él, tenga vida eterna; y yo le resucitaré en el día postrero.
>
> —JUAN 6:39–40

Estos pasajes han hecho surgir un término teológico llamado "el Rapto" aunque la palabra exacta no se encuentre en la Escritura. En ese futuro "último día", a pesar de cómo se interprete, los creyentes que estén vivos serán levantados junto con los cuerpos resucitados de aquellos que han muerto. Aunque esto represente por lo menos dos formas distintas de resurrección, creo que es una descripción literal, no un lenguaje meramente simbólico.

### La futura resurrección de los no creyentes para juicio

Esta da en qué pensar. Nos hemos estado concentrando, en general, en la resurrección de los creyentes o en aquellos que se convirtieron en creyentes como resultado de lo que sucedió. Pero de acuerdo con la Biblia, en cierto momento, los no creyentes experimentarán también una resurrección a causa del juicio. Jesús dijo:

> De cierto, de cierto os digo: El que oye mi palabra, y cree al que me envió, tiene vida eterna; y no vendrá a condenación, mas ha pasado de muerte a vida. De cierto, de cierto os digo: Viene la hora, y ahora es, cuando los muertos oirán la voz del Hijo de Dios; y los que la oyeren vivirán. Porque como el Padre tiene vida en sí mismo, así también ha dado al Hijo el tener vida en sí mismo; y también le dio autoridad de hacer juicio, por cuanto es el Hijo del Hombre.
>
> No os maravilléis de esto; porque vendrá hora cuando todos los que están en los sepulcros oirán su

voz; y los que hicieron lo bueno, saldrán a resurrección de vida; mas los que hicieron lo malo, a resurrección de condenación.

—JUAN 5:24–29

La creencia cristiana del juicio tanto de justos como de injustos, provino de la creencia judía en el mismo. Pablo, en su defensa verbal delante del gobernador, Félix, se refirió a sus acusadores, los judíos, y dijo: "Teniendo esperanza en Dios, la cual ellos también abrigan, de que ha de haber resurrección de los muertos, así de justos como de injustos" (Hechos 24:15).

Por ahora, deseo dejar el tema en pausa, ya que regresaré a él más adelante en el capítulo y en el siguiente capítulo: "El juicio eterno".

## LA RESURRECCIÓN DE JESUCRISTO

Como lo afirmé al principio de este capítulo, la resurrección de Jesús es el eje de toda la historia, pasada, presente y futura. Todas las demás resurrecciones (de hecho la vida misma) giran en torno a ese evento único, el cual unió para siempre el plano del cielo con la Tierra.

La gente se asombró de la resurrección de Jesucristo y, sin embargo, no sucedió como una completa sorpresa. La resurrección había sido predicha en el Antiguo Testamento (ver Salmos 16:10 y Salmos 71:20–21) y por Jesús mismo (ver Mateo 16:21 y Mateo 17:22–23). Pedro citó Salmos 16:10 en el sermón de Pentecostés: "Porque no dejarás mi alma en el Hades, ni permitirás que tu Santo vea corrupción" (Hechos 2:27), mostrándole a su audiencia que lo que le había sucedido a Jesús, había sido predicho por David mucho tiempo antes. Él continuó citando otras palabras proféticas del Antiguo Testamento que ahora habían encontrado su cumplimiento en Jesús (ver Hechos 2:30–31):

En verdad juró Jehová a David,
Y no se retractará de ello:
De tu descendencia pondré sobre tu trono.

—SALMOS 132:11

Y cuando tus días sean cumplidos, y duermas con tus padres, yo levantaré después de ti a uno de tu linaje, el cual procederá de tus entrañas, y afirmaré su reino.
—2 SAMUEL 7:12

Hice pacto con mi escogido; juré a David mi siervo.
—SALMOS 89:3

Jesús, antes de ser crucificado, había afirmado claramente lo que estaba por suceder:

Desde entonces comenzó Jesús a declarar a sus discípulos que le era necesario ir a Jerusalén y padecer mucho de los ancianos, de los principales sacerdotes y de los escribas; y ser muerto, y resucitar al tercer día.
—MATEO 16:21

Estando ellos en Galilea, Jesús les dijo: El Hijo del Hombre será entregado en manos de hombres, y le matarán; mas al tercer día resucitará. Y ellos se entristecieron en gran manera.
—MATEO 17:22–23

Entonces, una vez que sucedió, otras personas —demasiadas como para negar la validez de lo que vieron— lo vieron vivo. Había resucitado, ¡tal como lo había profetizado! (Ver 1 Corintios 15:5–6). A partir de entonces, la resurrección de Jesucristo definió el núcleo de la predicación del mensaje del evangelio (ver 1 Corintios 15:3–4) y, por lo tanto, es esencial para la salvación individual: "Que si confesares con tu boca que Jesús es el Señor, y creyeres en tu corazón que Dios le levantó de los muertos, serás salvo" (Romanos 10:9).

¿Qué logró la resurrección de Jesucristo de entre los muertos? En resumen, el hecho histórico de la resurrección habla de todas las ramificaciones de la ciudadanía del Reino:

- Su resurrección designa a Jesús como Hijo de Dios (ver Hechos 2:32–33; Romanos 1:4).
- La muerte fue vencida través de la resurrección de Jesús (ver Romanos 6:9; Apocalipsis 1:18).

- Los creyentes obtienen justificación a través de la resurrección de Jesús (ver Romanos 4:25).

- Los creyentes obtienen "vida nueva", santificación, a través de la resurrección de Jesús (ver Romanos 6:4).

- Ahora que la muerte ha sido derrotada, el cuerpo de los creyentes resucitará en incorrupción, en gloria y en poder (1 Corintios 15:42–43).

- Debido a su resurrección, Jesucristo reina sobre todo (ver Efesios 1:20–23; Mateo 28:19).

- Debido a la resurrección de Jesús, un Hombre se sienta en el trono (ver Hebreos 10:12).

- Debido a la resurrección de Jesús, los creyentes tienen una nueva esperanza (ver 1 Pedro 1:3).

- Debido a la resurrección de Jesús, el juicio futuro está asegurado (ver Hechos 17:31).

¡Jesucristo está vivo! No mas confinado a la oscuridad de la tumba, ni atado por las limitaciones de su cuerpo terrenal, Él ha abierto camino hacia el cielo para todo aquel que lo siga. Su vida divina comienza a fluir tan pronto como alguien deja la antigua vida a favor de la nueva vida de Jesús.

## La resurrección final de todos los que están en la tumba

¿Alguna vez se ha preguntado cómo es que puede suceder la resurrección del cuerpo, especialmente la resurrección final de los seres humanos que han vivido? A pesar de la aparente imposibilidad, la Biblia indica que esto sucederá:

> No os maravilléis de esto; porque vendrá hora cuando todos los que están en los sepulcros oirán su voz; y los que hicieron lo bueno, saldrán a resurrección de vida; mas los que hicieron lo malo, a resurrección de condenación.
>
> —JUAN 5:28–29

> He aquí, os digo un misterio: No todos dormiremos; pero todos seremos transformados, en un momento, en un abrir y cerrar de ojos, a la final trompeta; porque se tocará la trompeta, y los muertos serán resucitados incorruptibles, y nosotros seremos transformados.
>
> —1 Corintios 15:51–52

No podemos concebirlo. Pensamos en los cementerios y sepulcros de todo el mundo, llenos de cuerpos descompuestos. Pensamos en las guerras y los terroristas suicidas, y las partes de su cuerpo dispersadas y desmembradas. Pensamos en los entierros en el mar, los terremotos, los cuerpos consumidos por animales, la cremación. Pensamos en el polvo, porque de una manera u otra, nuestros cuerpos regresan al polvo, justo como lo afirma Génesis 3:19. ¿Cómo será posible este escenario del último día?

Sucederá porque cada persona fallecida fue, como cualquier persona que ahora vive, un ser trino: espíritu, alma y cuerpo. Primero un espíritu, después un alma, ambos dentro de un cuerpo. Observamos el orden divino en la lista que Pablo hizo de los tres componentes de un ser humano completo:

> Y el mismo Dios de paz os santifique por completo; y todo vuestro ser, espíritu, alma y cuerpo, sea guardado irreprensible para la venida de nuestro Señor Jesucristo.
>
> —1 Tesalonicenses 5:23

Nuestra mente terrestre a menudo cambia el orden para hacer que lo que observamos, encaje con nuestros sentidos: cuerpo, alma y espíritu. Pero el orden verdadero debe colocar primero al espíritu, después al alma y más tarde al cuerpo: tres, ordenados en términos de importancia, no dos, como lo pensaba la perspectiva dualista, la cual solamente consideraba al cuerpo y al alma. Hechos a la imagen del Dios trino (ver Génesis 1:26–27), cada uno de nosotros canta en una armonía de tres partes. El alma y el espíritu son diferentes, aunque Dios mismo puede penetrar hasta partirlos (ver Hebreos 4:12).

El espíritu y el alma sobreviven a la muerte, regresando a

Dios; mientras que el cuerpo regresa al polvo del cual vino. En otras palabras, cada parte regresa a su lugar de origen en el momento de la muerte física: "Y el polvo vuelva a la tierra, como era, y el espíritu vuelva a Dios que lo dio" (Eclesiastés 12:7).

### El destino del espíritu después de la muerte

¿El espíritu de los impíos irá directo al juicio de Dios? Podemos explorar las Escrituras para conocer la respuesta.

> El Seol abajo se espantó de ti; despertó muertos que en tu venida saliesen a recibirte, hizo levantar de sus sillas a todos los príncipes de la tierra, a todos los reyes de las naciones. Todos ellos darán voces, y te dirán: ¿Tú también te debilitaste como nosotros, y llegaste a ser como nosotros?
>
> —ISAÍAS 14:9–10

Vemos aquí al despreciado rey de Babilonia, después de su deceso, mientras es recibido en el lugar de la muerte, llamado "Seol" en hebreo y "Hades" en griego. Hasta la resurrección de Jesús, todos los muertos eran confinados a este lugar, el cual estaba dividido en un lugar de consuelo (a menudo llamado "el seno de Abraham") y un lugar de tormento. Recuerde la historia que Jesús relató de Lázaro y el hombre rico (ver Lucas 16:19–31). Abraham, conocido como el padre de la fe, también fue a este lugar temporal llamado Hades, esperando que Jesús viniera, descendiera al infierno y llevara cautiva la cautividad (ver Efesios 4:8; Colosenses 2:15). Como afirman los creyentes cuando recitan el Credo de los Apóstoles:

> Creo en Dios Padre todopoderoso, creador del cielo y de la tierra. Creo en Jesucristo, su único Hijo, nuestro Señor. Fue concebido por obra y gracia del Espíritu Santo y nació de la virgen María. Padeció bajo el poder de Poncio Pilato. Fue crucificado, muerto y sepultado. Descendió a los infiernos. Al tercer día resucitó de entre los muertos. Subió a los cielos, y está sentado a la

diestra de Dios Padre. Desde allí ha de venir a juzgar a vivos y muertos.

Sabemos, desde luego, relativamente muy poco acerca del Seol/Hades o del infierno, en comparación con la cantidad bastante limitada de lo que sabemos del Paraíso o del cielo. Sabemos que Jesús le dijo al ladrón que se arrepintió en la cruz: "Entonces Jesús le dijo: De cierto te digo que hoy estarás conmigo en el paraíso" (Lucas 23:43).

Sabemos que Esteban, mientras era apedreado a morir, pudo ver el cielo y supo que su espíritu sería llevado al cielo tan pronto muriera:

> Pero Esteban, lleno del Espíritu Santo, puestos los ojos en el cielo, vio la gloria de Dios, y a Jesús que estaba a la diestra de Dios, y dijo: He aquí, veo los cielos abiertos, y al Hijo del Hombre que está a la diestra de Dios [...] Y apedreaban a Esteban, mientras él invocaba y decía: Señor Jesús, recibe mi espíritu.
>
> —HECHOS 7:55–56, 59

Nosotros también, como Esteban, asumimos que después de la muerte, nuestro espíritu partirá de este mundo y entrará en la presencia de Dios.

> Así que vivimos confiados siempre, y sabiendo que entre tanto que estamos en el cuerpo, estamos ausentes del Señor (porque por fe andamos, no por vista); pero confiamos, y más quisiéramos estar ausentes del cuerpo, y presentes al Señor. Por tanto procuramos también, o ausentes o presentes, serle agradables.
>
> —2 CORINTIOS 5:6–9 (VER TAMBIÉN FILIPENSES 1:21–24)

Nuestra fe muestra nuestra expectativa de que nuestro espíritu sobreviva a nuestro cuerpo. En esta era después de la resurrección del pacto del Nuevo Testamento, comprendemos que cuando mueren los creyentes, su espíritu ya no languidece en un lugar temporal de espera. Gracias a Dios que el lugar de espera es historia y ahora, cuando los creyentes mueren, ¡se presentan inmediatamente con el Señor!

*Dios y nuestro cuerpo terrenal*

Nuestra fe también muestra nuestra expectativa de que nuestro cuerpo físico le pertenece a su amoroso Creador, esté en una pieza o no, muerto o vivo. Con mayor exactitud que el mejor contador, Dios lleva un registro preciso de nuestro cuerpo terrenal, hasta el último cabello:

> Pues aun vuestros cabellos están todos contados.
> —MATEO 10:30

> Y seréis aborrecidos de todos por causa de mi nombre. Pero ni un cabello de vuestra cabeza perecerá.
> —LUCAS 21:17–18

Los elementos materiales terrenales de los que estamos compuestos, fueron elegidos y preparados de antemano por Dios para elaborar nuestro cuerpo (ver Salmos 139:13–16, por ejemplo). Y Él controla todo lo que está en su universo.

Hemos ya definido a los seres humanos como trinos: espíritu, alma y cuerpo, y hemos determinado que los tres se reunirán en algún punto, incluso después de la muerte (ver de nuevo 1 Corintios 15:51–52). En el último día, cuando suene esa trompeta celestial, el poder sobrenatural del viento de Dios reconstruirá y unirá a las tres partes esenciales de todas las personas, incluso si el "polvo" del cuerpo ha sido dispersado por la faz de la Tierra y ha desaparecido en los elementos.

"No todos dormiremos; pero todos seremos transformados" (1 Corintios 15:51). En menos tiempo de lo que le tomó leer esto, todos seremos ensamblados de nuevo en cuerpos perfectos y glorificados, físicamente resucitados:

> Mirad mis manos y mis pies, que yo mismo soy; palpad, y ved; porque un espíritu no tiene carne ni huesos, como veis que yo tengo. Y diciendo esto, les mostró las manos y los pies.
> —LUCAS 24:39–40, (VER TAMBIÉN JUAN 20:27).

173

Jesús reiteró:

> De cierto, de cierto os digo: Viene la hora, y ahora es,
> cuando los muertos oirán la voz del Hijo de Dios; y los
> que la oyeren vivirán. No os maravilléis de esto; porque
> vendrá hora cuando todos los que están en los sepul-
> cros oirán su voz; y los que hicieron lo bueno, saldrán
> a resurrección de vida; mas los que hicieron lo malo, a
> resurrección de condenación.
>
> —JUAN 5:25, 28–29

## ¿CUÁL ES EL PROPÓSITO DE LA RESURRECCIÓN?

Muy bien, creemos que Jesucristo resucitó de entre los muertos
y que aquellos que crean en Él compartirán su resurrección.
Creemos que los injustos experimentarán también una resurrección, con el propósito de ser juzgados y castigados.

Jesús es las "primicias de los que durmieron [murieron]" (1
Corintios 15:20). Además,

> Porque por cuanto la muerte entró por un hombre, tam-
> bién por un hombre la resurrección de los muertos.
> Porque así como en Adán todos mueren, también en
> Cristo todos serán vivificados. Pero cada uno en su
> debido orden: Cristo, las primicias; luego los que son
> de Cristo, en su venida. Luego el fin, cuando entregue
> el reino al Dios y Padre, cuando haya suprimido todo
> dominio, toda autoridad y potencia.
>
> —1 CORINTIOS 15:21–24

El propósito de Dios es tenernos a todos de vuelta en espíritu, alma y cuerpo, desechando todas las impurezas y restau-
rando todo a la gloria de su primera creación.

Somos sus hijos, sus herederos y coherederos con nuestro
Hermano mayor, Jesús: "Y si hijos, también herederos; herederos de Dios y coherederos con Cristo, si es que padecemos
juntamente con él, para que juntamente con él seamos glorificados. Pues tengo por cierto que las aflicciones del tiempo

presente no son comparables con la gloria venidera que en nosotros ha de manifestarse" (Romanos 8:17–18).

Con ese fin, el evangelio gira en torno a la resurrección de Jesús y la subsiguiente resurrección de los hombres y mujeres que pertenecen al Reino de Dios. Nuestra propia resurrección es parte de las buenas nuevas (ver 1 Corintios 15:12–18). A través de la resurrección de Jesús, nosotros tenemos acceso no solamente a la vida eterna con Él, sino a la abundancia aquí y ahora, incluyendo lo siguiente:

- Santidad personal (ver Tito 2:11–14; 1 Juan 3:3).
- Aliento, esperanza y consuelo personal (ver 1 tesalonicenses 4:13–18; 1 Tesalonicenses 5:9–11; 1 Pedro 1:3).
- Equilibrio en nuestra vida cristiana (ver Mateo 24:45–51; Mateo 25:1–13).
- Motivación para perseverar (ver Romanos 8:17–18).
- Poder para resucitar (ver Romanos 1:4; Efesios 1:17–20; Filipenses 3:10).

"Y si el Espíritu de aquel que levantó de los muertos a Jesús mora en vosotros, el que levantó de los muertos a Cristo Jesús vivificará también vuestros cuerpos mortales por su Espíritu que mora en vosotros" (Romanos 8:11).

¡Gracias a Dios por la resurrección de Jesucristo! ¡Gracias al Señor por la gente que está siendo resucitada a una nueva vida! ¡Gracias, Padre, por resucitar a tu Hijo Jesús de entre los muertos y ofrecer una salvación tan grandiosa! ¡Alabado sea el Señor!

Cantad todos los santos en gloria, ¡cantad la canción de resurrección!

La muerte y la tristeza, la oscura historia de la Tierra, a los antiguos días pertenecen.

Las nubes están dispersándose en todos lados,
pronto las tormentas de los tiempos cesarán;

A semejanza de Dios somos, despertando,
conocemos la paz eterna.

Oh, qué gloria, ¡excede por mucho lo que los ojos
han visto!

Dios ha prometido, Cristo lo prepara, en lo alto
nuestra bienvenida espera.

Todo espíritu humilde lo comparte; Cristo ha pasado
a través de las puertas eternas.

¡La vida eterna! El cielo se regocija; hijo de Dios,
¡levanta tu cabeza!

Los patriarcas de las épocas distantes, los santos
anhelan su cielo,

Los profetas, los salmistas y los profetas, todos
esperan recibir su gloria.

¡La vida eterna! Oh, lo que asombra con fe a la
multitud; el gozo desconocido,

Cuando en las tormentas de la Tierra, ¡los santos
estarán ante el trono!

Oh, para entrar por esa puerta brillante, ver ese
resplandeciente firmamento;

Conocer, contigo, O Dios inmortal: "A Jesucristo a
quien has enviado".[6]

# 12

## EL JUICIO ETERNO

STAMOS LISTOS PARA darle a nuestra casa, el templo de Dios, los toques finales. Pero una y otra vez, regresamos a ver cuan fuerte en realidad son los cimientos de la casa. La importancia de establecer un fundamento firme, el tema de este libro, se aclara más por el fuego

¿Por el *fuego*? Permítame aclarar lo que quiero decir al citar la explicación del apóstol Pablo a los creyentes de Corinto:

> Conforme a la gracia de Dios que me ha sido dada, yo como perito arquitecto puse el fundamento, y otro edifica encima; pero cada uno mire cómo sobreedifica. Porque nadie puede poner otro fundamento que el que está puesto, el cual es Jesucristo. Y si sobre este fundamento alguno edificare oro, plata, piedras preciosas, madera, heno, hojarasca, la obra de cada uno se hará manifiesta; porque el día la declarará, pues por el fuego será revelada; y la obra de cada uno cuál sea, el fuego la probará. Si permaneciere la obra de alguno que sobreedificó, recibirá recompensa. Si la obra de alguno se quemare, él sufrirá pérdida, si bien él mismo será salvo, aunque así como por fuego. ¿No sabéis que sois templo de Dios, y que el Espíritu de Dios mora en vosotros?
>
> —1 CORINTIOS 3:10–16

El apóstol Pablo no se refiere al fuego del infierno, sino más bien al fuego limpiador del juicio de Dios, el "fuego" que muestra todo lo que llevamos a cabo a la luz divina más brillante.

El hecho de que el Señor Dios sea Alfa y Omega (Apocalipsis 1:8; 11; 21:6; 22:13) significa que encontramos nuestro comienzo (alfa) en Él y también encontramos nuestro final (omega) en Él. ¿Qué sucede al final? El juicio eterno. La separación no solamente de las ovejas y los cabritos (ver Mateo 25:32–33), sino también de cada cosa que llevamos a cabo. El juicio eterno representa no solamente el juicio de *lo que* hicimos individualmente, sino de *cómo* lo hicimos. Los ojos de fuego de Dios juzgan la calidad de las obras de las personas. Mi convicción es que al mirar la historia de nuestra vida, mucho será quemado por su simple mirada.

Eso no quiere decir que nosotros pereceremos con nuestras obras sin valor. De hecho, los versículos anteriores indican que aquel que construye sobre el fundamento de Jesucristo, escapará, incluso si su construcción muestra ser sin valor. Pero, qué mejor que el fuego del juicio consuma muy poco. Entonces el constructor recibirá una gran recompensa.

En principio, deseo asegurarme de que usted comprenda el tema de este capítulo: el juicio eterno, y no los juicios históricos de Dios. Sus juicios históricos, resumidos en Éxodo 20:5–6 y en Jeremías 32:18, suceden como resultado de maldiciones de gran alcance que pueden o no reflejarse en el mérito de las personas que terminan enganchadas en ellas.

El juicio eterno de Dios, sin embargo, refleja a cada persona. Al final, cada persona se presentará sola ante Él. Nadie puede ponerse los zapatos de otro, ni el pecado de otra persona puede consignarlo a usted a la condenación.

Observe que esta verdad se remonta al Antiguo Testamento:

> Vino a mí palabra de Jehová, diciendo:
>
> ¿Qué pensáis vosotros, los que usáis este refrán sobre la tierra de Israel, que dice: Los padres comieron las uvas agrias, y los dientes de los hijos tienen la dentera? Vivo yo, dice Jehová el Señor, que nunca más tendréis por qué usar este refrán en Israel. He aquí que todas las almas son mías; como el alma del padre, así el alma del hijo es mía; el alma que pecare, esa morirá [...]
>
> El alma que pecare, esa morirá; el hijo no llevará el

pecado del padre, ni el padre llevará el pecado del hijo; la justicia del justo será sobre él, y la impiedad del impío será sobre él [...]

Mas si el justo se apartare de su justicia y cometiere maldad, e hiciere conforme a todas las abominaciones que el impío hizo, ¿vivirá él? Ninguna de las justicias que hizo le serán tenidas en cuenta; por su rebelión con que prevaricó, y por el pecado que cometió, por ello morirá.

—Ezequiel 18:1–4, 20, 24

Una buena parte de establecer y construir nuestra vida sobre un fundamento firme de fe tiene que ver con el resultado final y eso debe afectar la manera en que nos conducimos.

Estamos más cerca del fin de lo que pensamos. El consejo de Pablo para la Iglesia primitiva aplica para nosotros en la actualidad: "Y si invocáis por Padre a aquel que sin acepción de personas juzga según la obra de cada uno, conducíos en temor todo el tiempo de vuestra peregrinación" (1 Pedro 1:17).

En el fin, no tendremos influencia. Nuestro estatus económico, nuestro grupo étnico, nuestro género; nada de eso tendrá peso. Nos presentaremos ante nuestro Padre y sus ojos ardientes arrancarán de nosotros todo lo que no fue originado en Él, en primer lugar. La manera en que terminemos la carrera es muy importante, ¡muy, muy importante!

Mi amigo y colaborador, David Dreiling, se fue para conocer a su Maestro en agosto de 2010. Me senté con él en su casa mientras él traspasaba el delgado velo y le dije: "Terminaste bien, David. Gracias por todas las vidas que impactaste. Ve en paz, terminaste bien". David dejó la vida con nada más que gratitud en sus labios. Yo deseo terminar así de bien.

## Los juicios de Dios

Por buenas razones, la gente no considera el "juicio" un tema agradable del cual hablar. De hecho, algunos lo ven absolutamente aterrador, algo que intentan evitar. No obstante, necesitamos examinarlo, ya que estamos viviendo en los últimos días, posiblemente preguntándonos acerca de la agenda de Dios y de nuestra presentación potencial ante sus ojos.

179

En lo personal, me encanta el tema de los postreros tiempos y de los postreros días. ¿Por qué? Porque el mejor vino es reservado para el último. En el tiempo donde abundan las tinieblas, brilla una gran luz. Yo digo: ¡Hazlo, Jesús! Brilla, Jesús, brilla. Envía muestras de tu gloriosa presencia brillante.

Las dos frases: "los postreros días" y "los postreros tiempos", que algunas veces se utilizan indistintamente, no significan lo mismo. Basados en el uso bíblico, los postreros días comenzaron cuando nació la Iglesia en Pentecostés, lo cual había sido profetizado por el profeta Joel, en el Antiguo Testamento (ver Joel 2:28) y reiterado por Pedro: "Y en los postreros días, dice Dios, derramaré de mi Espíritu sobre toda carne, y vuestros hijos y vuestras hijas profetizarán; vuestros jóvenes verán visiones, y vuestros ancianos soñarán sueños" (Hechos 2:17).

Los postreros tiempos son los postreros días de los postreros días.

Estamos viviendo en los postreros días, hacia los postreros tiempos: el Día del Juicio. Ansiosos, no podemos negar la importancia de las advertencias acerca de la injusticia al redoblar nuestros esfuerzos para confiar sin reservas en nuestro Salvador Jesús:

> Sino que os habéis acercado al monte de Sion, a la ciudad del Dios vivo, Jerusalén la celestial, a la compañía de muchos millares de ángeles, a la congregación de los primogénitos que están inscritos en los cielos, a Dios el Juez de todos, a los espíritus de los justos hechos perfectos, a Jesús el Mediador del nuevo pacto, y a la sangre rociada que habla mejor que la de Abel [...]
>
> Así que, recibiendo nosotros un reino inconmovible, tengamos gratitud, y mediante ella sirvamos a Dios agradándole con temor y reverencia; porque nuestro Dios es fuego consumidor.
>
> —HEBREOS 12:22–24, 28–29

La sangre de Abel clamó venganza, pero la sangre de Cristo habla misericordia. La sangre se lleva el juicio de castigo y venganza. Ahora el ángel vengador nos pasará de largo, justo como en la Pascua. La sangre de Jesús nos ha limpiado. La obra completa en la cruz nos ha llevado de la maldición a la bendición.

Al permanecer en esa bendición, sin embargo, no podremos recibir nuestra recompensa eterna de una vez por todas sin presentarnos ante Jesús mismo.

El Padre es el Juez, pero Él le ha confiado la tarea de juzgar a su Hijo, quien también es nuestro Salvador (ver Juan 5:22–23, 26–27; Hechos 10:42). Él conoce a los suyos y puede ver todos los matices de las acciones de las personas. ¿Este construyó en la carne o en el Espíritu? Para construir, ¿qué eligió utilizar esta persona, paja u hojarasca, oro o plata?

El Padre "también le dio autoridad de hacer juicio, por cuanto es el Hijo del Hombre" (Juan 5:27). El Hijo del hombre también es la Palabra Viva y Él nos ha dicho que sus palabras, las cuales son eternas (ver Salmos 119:160), serán suficientes para juzgar a una persona:

> Al que oye mis palabras, y no las guarda, yo no le juzgo; porque no he venido a juzgar al mundo, sino a salvar al mundo. El que me rechaza, y no recibe mis palabras, tiene quien le juzgue; la palabra que he hablado, ella le juzgará en el día postrero.
>
> —JUAN 12:47–48

El "protocolo", si desea llamarlo de esa manera, del juicio eterno puede ser resumido de acuerdo con cuatro principios principales:

1. De acuerdo a la verdad (ver Romanos 2:1–2).

2. De acuerdo con las obras (ver Romanos 2:6).

3. Sin parcialidad (ver Romanos 2:11).

4. De acuerdo con la luz disponible para aquellos que son juzgados (ver Romanos 2:12).

Nuestras obras y nuestras intenciones, acumulativa y separadamente, serán expuestas a la luz de la verdad imparcial de Dios. El único factor atenuante será la cantidad de luz de verdad disponible para cada persona durante su vida. Dios no nos juzgará por no caminar en la luz que nunca vimos siquiera.

Sin lugar a dudas, la mayoría de nosotros hemos tenido el beneficio de una abundancia de luz y de verdad. ¿Qué sucede si escogiéramos las tinieblas en lugar de ello? ¿Podemos arreglarlo? ¿Cómo podemos prepararnos para este momento inevitable?

Antes del momento del juicio, cada uno de nosotros debemos juzgarnos a nosotros mismos, enfrentándonos con lo que sabemos de los caminos de Dios. Un autoexamen debe enfocar tres puntos: intención, obediencia y poder. Examine sus intenciones. ¿Busca glorificar a Jesucristo o está intentando complacerse a sí mismo o al alguien más? Examínese en el punto de la obediencia. La obediencia es mejor que el sacrificio (ver 1 Samuel 15:22). ¿Está llevando a cabo la voluntad de Dios o está llevando a cabo lo suyo? Examínese con respecto al poder. "Porque el reino de Dios no consiste en palabras, sino en poder" (1 Corintios 4:20). ¿Está sirviendo a Dios en su propia fuerza? ¿O lo está haciendo a través de la fuerza y la potencia que Él da? (ver Colosenses 1:29).

## El tribunal de Cristo

Presentarse ante el tribunal de Cristo es la primera etapa del juicio eterno. ¿Cómo será esto? La Escritura nos da bastantes pistas. En primer lugar, sabemos que nadie escapará:

> Porque todos compareceremos ante el tribunal de Cristo. Porque escrito está: Vivo yo, dice el Señor, que ante mí se doblará toda rodilla, y toda lengua confesará a Dios. De manera que cada uno de nosotros dará a Dios cuenta de sí.
>
> —ROMANOS 14:10–12

> Porque es necesario que todos nosotros comparezcamos ante el tribunal de Cristo, para que cada uno reciba

según lo que haya hecho mientras estaba en el cuerpo, sea bueno o sea malo.

—2 Corintios 5:10

Porque el Hijo del Hombre vendrá en la gloria de su Padre con sus ángeles, y entonces pagará a cada uno conforme a sus obras.

—Mateo 16:27

De hecho, los redimidos tendrán que presentarse al frente de la línea del juicio:

Porque es tiempo de que el juicio comience por la casa de Dios; y si primero comienza por nosotros, ¿cuál será el fin de aquellos que no obedecen al evangelio de Dios? Y:
Si el justo con dificultad se salva,
¿En dónde aparecerá el impío y el pecador?

—1 Pedro 4:17–18

Podemos comprender por qué es importante considerar el día del juicio de Dios.

### Juicio de galardones, no de condenación

Hablar acerca del día del juicio de Dios hace que caigamos muy fácilmente en temor de que el juicio de Jesucristo consista principalmente en castigo. Esperamos eso de los jueces de nuestro propio sistema jurídico. Hemos llegado a pensar en la corte de los jueces como un lugar de sentencia. La absolución ocasional, asumimos, debe ser necesariamente su propia recompensa.

Al presentarnos delante del trono de juicio de Jesucristo, sin embargo, Él asignará *galardones*, no condenación. Será un momento de recibir coronas por el servicio de sacrificio y un tiempo también, creo, en el que se levantarán muchas ovaciones de la gran nube de testigos. Habrá algo mucho mayor que los finales fantasiosos de *Ídolo Americano*. Al presentarse ante el trono de juicio de Jesús, cada creyente recibirá sus recompensas justas. Jesús encontrará nuestros méritos, incluso si nuestros deméritos desaparecen en las llamas:

De cierto, de cierto os digo: El que oye mi palabra, y cree al que me envió, tiene vida eterna; y no vendrá a condenación, mas ha pasado de muerte a vida.

—JUAN 5:24

Yo, yo soy el que borro tus rebeliones por amor de mí mismo, y no me acordaré de tus pecados [...] Yo deshice como una nube tus rebeliones, y como niebla tus pecados; vuélvete a mí, porque yo te redimí.

—ISAÍAS 43:25; 44:22

¿Ya construyó su casa? Nuestras propias palabras nos guiarán al proceso de juicio:

Mas yo os digo que de toda palabra ociosa que hablen los hombres, de ella darán cuenta en el día del juicio. Porque por tus palabras serás justificado, y por tus palabras serás condenado.

—MATEO 12:36–37

Cuando Juan escribió que: "El que en él cree, no es condenado; pero el que no cree, ya ha sido condenado, porque no ha creído en el nombre del unigénito Hijo de Dios" (Juan 3:18; ver también Romanos 5:9–10; 8:1), el amado discípulo de Jesús estaba asegurándoles a los creyentes que solamente su incredulidad merecería condenación.

Nuestras obras mismas, probadas y evaluadas por las flamas del juicio de Dios, permanecerán o no. Solamente tomará un momento averiguarlo y solamente las puras permanecerán. Si es posible, deseamos escuchar las palabras pronunciadas por los propios labios del Señor: "Bien, buen siervo y fiel" (Mateo 25:21).

Porque nadie puede poner otro fundamento que el que está puesto, el cual es Jesucristo. Y si sobre este fundamento alguno edificare oro, plata, piedras preciosas, madera, heno, hojarasca, la obra de cada uno se hará manifiesta; porque el día la declarará, pues por el fuego será revelada; y la obra de cada uno cuál sea, el fuego la probará. Si permaneciere la obra de alguno que sobreedificó, recibirá recompensa. Si la obra de alguno se quemare, él sufrirá pérdida, si bien él mismo será salvo, aunque así como por fuego.

—1 Corintios 3:11–15

La parábola de los talentos, aquella en la que escuchamos: "Bien, buen siervo y fiel", expone la misma perspectiva del juicio de Dios (ver Mateo 25:14–30; Lucas 19:11–27). Nuestra meta debe ser mantener una mente clara en todos los niveles, recordando que las acciones de hoy determinan las recompensas de mañana, todo mientras confiamos en Aquel que nos juzgará al final (ver 2 Corintios 4:5).

## El juicio de las naciones

Los cristianos han creado muchas interpretaciones teológicas de las Escrituras que explican cómo serán los tiempos postreros. Este libro no puede describirlo todo, tampoco puede cubrir todos los detalles. En este libro, deseo mostrarle los aspectos esenciales de la fe.

Para dar una enseñanza clara necesito apegarme a la interpretación en la que creo y que conozco mejor. Creo en la segunda venida de Jesús y creo en una gran tribulación literal (ver Mateo 24:15–22). Creo que muchos tiempos de tribulación han sucedido y sucederán en la Tierra, pero que solamente un periodo final del tiempo califica como la gran tribulación y que, al final de la gran tribulación, que será un periodo de siete años, las naciones de la Tierra enfrentarán el juicio de Dios. Jesús nos dijo un poco acerca de este tiempo de juicio:

> Cuando el Hijo del Hombre venga en su gloria, y todos los santos ángeles con él, entonces se sentará en su trono de gloria, y serán reunidas delante de él todas las naciones; y apartará los unos de los otros, como aparta el pastor las ovejas de los cabritos. Y pondrá las ovejas a su derecha, y los cabritos a su izquierda. Entonces el Rey dirá a los de su derecha: Venid, benditos de mi Padre, heredad el reino preparado para vosotros desde la

fundación del mundo. Porque tuve hambre, y me disteis de comer; tuve sed, y me disteis de beber; fui forastero, y me recogisteis; estuve desnudo, y me cubristeis; enfermo, y me visitasteis; en la cárcel, y vinisteis a mí. Entonces los justos le responderán diciendo: Señor, ¿cuándo te vimos hambriento, y te sustentamos, o sediento, y te dimos de beber? ¿Y cuándo te vimos forastero, y te recogimos, o desnudo, y te cubrimos? ¿O cuándo te vimos enfermo, o en la cárcel, y vinimos a ti? Y respondiendo el Rey, les dirá: De cierto os digo que en cuanto lo hicisteis a uno de estos mis hermanos más pequeños, a mí lo hicisteis. Entonces dirá también a los de la izquierda: Apartaos de mí, malditos, al fuego eterno preparado para el diablo y sus ángeles. Porque tuve hambre, y no me disteis de comer; tuve sed, y no me disteis de beber; fui forastero, y no me recogisteis; estuve desnudo, y no me cubristeis; enfermo, y en la cárcel, y no me visitasteis. Entonces también ellos le responderán diciendo: Señor, ¿cuándo te vimos hambriento, sediento, forastero, desnudo, enfermo, o en la cárcel, y no te servimos? Entonces les responderá diciendo: De cierto os digo que en cuanto no lo hicisteis a uno de estos más pequeños, tampoco a mí lo hicisteis. E irán éstos al castigo eterno, y los justos a la vida eterna.

—MATEO 25:31–46

Esas naciones que son consideradas dignas, habiendo pasado a través de las flamas refinadoras de la gran tribulación, entrarán en mil años de paz, un periodo también conocido como el Reino del milenio, en el que Jesús se establecerá en la Tierra. Esas naciones continuarán como entidades geográficas, lugares de gobierno y dominio, mientras que Satanás será encadenado al "foso sin fondo" y los mártires serán levantados de la muerte en lo que se conoce como la "primera resurrección", para ayudar a gobernar las naciones. Más tarde, Satanás será liberado durante un tiempo, pero no hasta que se completen los mil años. (Para obtener antecedentes al respecto, vea los primeros seis versículos del capítulo 20 en el libro de Apocalipsis que escribió el apóstol Juan).

Este juicio de las naciones no es lo mismo que el juicio individual del que hablamos previamente. De manera que aunque las personas habrán participado en obras nacionales de compasión que significarán que su nación es una "nación cordero", el juicio es colectivo, no individual. "¿Cómo trataron a mis hermanos?", Jesús le preguntará a cada nación. ¿Quiénes son sus hermanos? Una conclusión ineludible es que los hermanos de Jesús son su pueblo judío, en cuyo caso, el juicio de las naciones no judías gira en torno a su trato a Israel.

Dios declara que primero traerá a los cautivos de Judá y de Jerusalén (es decir, Él reunirá al disperso pueblo judío a su propia tierra). Más tarde, reunirá a todas las naciones gentiles y traerá un juicio final sobre ellas. La base de este juicio es lo que describió Jesús en Mateo 25; a través del profeta Joel, Dios dice que entrará en juicio con las naciones "a causa de mi pueblo":

> Porque he aquí que en aquellos días, y en aquel tiempo en que haré volver la cautividad de Judá y de Jerusalén, reuniré a todas las naciones, y las haré descender al valle de Josafat, y allí entraré en juicio con ellas a causa de mi pueblo, y de Israel mi heredad, a quien ellas esparcieron entre las naciones, y repartieron mi tierra.
>
> —JOEL 3:1–2

Las naciones gentiles serán juzgadas no solamente por su falta de compasión en general, sino específicamente por la manera en que trataron al pueblo escogido de Dios. Israel también será pasado por el rodillo. ¡Gracias a Dios, Él es un Dios justo que juzga con rectitud y justicia!

## UN JUICIO ESPECIAL PARA ISRAEL

La declaración profética de Dios acerca de hacer regresar a su pueblo de vuelta a su tierra pareció ficción durante años. El pueblo judío ha sido el pueblo más perseguido de toda la historia. De las inquisiciones portuguesa y española a finales del siglo XV, a los pogromos rusos del siglo XIX, al Holocausto europeo en el siglo XX, hasta otros muchos eventos históricos, el pueblo judío ha sido acosado, sacado de sus hogares y perseguido hasta la muerte muchas veces.

Y, sin embargo, en la actualidad, el pueblo judío tiene de nuevo una tierra propia. En cumplimiento a las palabras de Isaías 66:8, la nación fue literalmente establecida en un día. Proféticamente hablando, esta es su segunda reunión (ver Isaías 11:11). (Para conocer más al respecto, por favor consulte mis libros *Praying for Israel's Destiny* [Cómo orar por el destino de Israel] y *The Coming Israel Awakening* [El próximo despertar de Israel]).

Pronto, sin embargo, de acuerdo con Jeremías 30:3–9, ellos entrarán en un tiempo de consolidación y de aflicción nacional más terrible que los anteriores. Todo esto lleva a un gran desenlace, cuando el Señor mismo intervenga contra los enemigos gentiles de Israel. Él liberará y salvará a Israel, y el reino nacional de Israel será restaurado de nuevo en el trono de David, bajo el gobierno supremo del Señor Jesús mismo:

> Porque he aquí que vienen días, dice Jehová, en que haré volver a los cautivos de mi pueblo Israel y Judá, ha dicho Jehová, y los traeré a la tierra que di a sus padres, y la disfrutarán. Estas, pues, son las palabras que habló Jehová acerca de Israel y de Judá. Porque así ha dicho Jehová: Hemos oído voz de temblor; de espanto, y no de paz. Inquirid ahora, y mirad si el varón da a luz; porque he visto que todo hombre tenía las manos sobre sus lomos, como mujer que está de parto, y se han vuelto pálidos todos los rostros. ¡Ah, cuán grande es aquel día! tanto, que no hay otro semejante a él; tiempo de angustia para Jacob; pero de ella será librado. En aquel día, dice Jehová de los ejércitos, yo quebraré su yugo de tu cuello, y romperé tus coyundas, y extranjeros no lo volverán más a poner en servidumbre, sino que servirán a Jehová su Dios y a David su rey, a quien yo les levantaré.
>
> —JEREMÍAS 30:3–9

A este periodo lo llamamos del reino restaurado, el milenio. Pero primero, los gentiles, como instrumento del juicio de Dios, se levantarán contra los judíos (ver Zacarías 12:1–3; 14:1–4). La nación judía será limpiada cuando todos los elementos de rebelión sean confrontados y destruidos. Al final, lo que permanezca de Israel acudirá a Cristo, Aquel al que traspasaron (ver Zacarías 12:10). La epístola de Romanos describe la reconciliación de la nación de Israel con su Señor:

> Porque no quiero, hermanos, que ignoréis este misterio, para que no seáis arrogantes en cuanto a vosotros mismos: que ha acontecido a Israel endurecimiento en parte, hasta que haya entrado la plenitud de los gentiles; y luego todo Israel será salvo, como está escrito:
> Vendrá de Sion el Libertador, que apartará de Jacob la impiedad. Y este será mi pacto con ellos, cuando yo quite sus pecados.
> —ROMANOS 11:25–27

Vemos entonces a la nación judía en su propio tiempo de la gran tribulación al final de los tiempos. En este "tiempo de aflicción de Jacob", ellos clamarán por la intervención de su Mesías y Yeshúa vendrá. Aunque Dios ha bendecido normalmente a los gentiles a través de los judíos, aquí, Él bendecirá a los judíos directamente. Y aunque Dios ha castigado normalmente a los judíos a través de los gentiles, ahora Él castigará a los gentiles directamente. Lo que nos acerca al final del milenio.

## EL GRAN TRONO BLANCO DE JUICIO

Cuando se hayan completado los mil años, Satanás será liberado del abismo durante un tiempo. Él intentará organizar a las naciones gentiles para que se rebelen contra el Reino de Jesucristo, pero fallarán en su intento (ver Apocalipsis 20:3, 7–10).

En la destrucción, el diablo mismo será arrojado en el "lago de fuego y azufre" (Apocalipsis 20:10) junto con otros jugadores principales de esta batalla épica. Una vez que la rebelión final de Satanás haya sido vencida, toda la rebelión de la Tierra será limpiada. Ahora todos los muertos que ya han sido juzgados, resucitarán y serán llamados a presentarse ante el trono blanco que Juan vio como el gran trono blanco. Su relato:

> Y vi un gran trono blanco y al que estaba sentado en él, de delante del cual huyeron la tierra y el cielo, y ningún lugar se encontró para ellos. Y vi a los muertos, grandes y pequeños, de pie ante Dios; y los libros fueron abiertos, y otro libro fue abierto, el cual es el libro de la vida; y fueron juzgados los muertos por las cosas que estaban escritas en los libros, según sus obras. Y el mar entregó los muertos que había en él; y la muerte y el Hades entregaron los muertos que había en ellos; y fueron juzgados cada uno según sus obras. Y la muerte y el Hades fueron lanzados al lago de fuego. Esta es la muerte segunda. Y el que no se halló inscrito en el libro de la vida fue lanzado al lago de fuego [...]
>
> El que venciere heredará todas las cosas, y yo seré su Dios, y él será mi hijo. Pero los cobardes e incrédulos, los abominables y homicidas, los fornicarios y hechiceros, los idólatras y todos los mentirosos tendrán su parte en el lago que arde con fuego y azufre, que es la muerte segunda.
>
> —Apocalipsis 20:11–15; 21:7–8

Esta es la segunda resurrección y el juicio final. La segunda resurrección es diferente de la primera resurrección de la que habla Apocalipsis 20:4–6. Nadie de los que resuciten en la primera resurrección morirá o necesitará ser juzgado de nuevo.

Después de este juicio final, el esplendor del cielo descenderá a la Tierra. No puedo superar las conocidas palabras de Juan:

> Vi un cielo nuevo y una tierra nueva; porque el primer cielo y la primera tierra pasaron, y el mar ya no existía más. Y yo Juan vi la santa ciudad, la nueva Jerusalén, descender del cielo, de Dios, dispuesta como una esposa ataviada para su marido. Y oí una gran voz del cielo que decía: He aquí el tabernáculo de Dios con los hombres, y él morará con ellos; y ellos serán su pueblo, y Dios mismo estará con ellos como su Dios. Enjugará

Dios toda lágrima de los ojos de ellos; y ya no habrá muerte, ni habrá más llanto, ni clamor, ni dolor; porque las primeras cosas pasaron. Y el que estaba sentado en el trono dijo: He aquí, yo hago nuevas todas las cosas. Y me dijo: Escribe; porque estas palabras son fieles y verdaderas. Y me dijo: Hecho está. Yo soy el Alfa y la Omega, el principio y el fin. Al que tuviere sed, yo le daré gratuitamente de la fuente del agua de la vida.

—APOCALIPSIS 21:1–6; VER TAMBIÉN APOCALIPSIS 22:12–13, 16–17

## CIELO NUEVO Y TIERRA NUEVA

Los nombres que están escritos en el libro de la vida entrarán en las recompensas benditas de la nueva Tierra y los nombres que no aparezcan en el libro serán relegados al lago de fuego para siempre, junto con el resto de los malvados.

¿Ve usted la importancia de establecer su vida sobre el firme fundamento de la Palabra de Dios? Después de leer acerca de los días postreros, de los cuales no podemos escapar, ¿puede usted apreciar las advertencias que Jesús hace para construir nuestra casa sobre la Roca y con buenos materiales?

Sobre todo, debemos estar listos para Él. Jesús proclama:

He aquí yo vengo pronto, y mi galardón conmigo, para recompensar a cada uno según sea su obra. Yo soy el Alfa y la Omega, el principio y el fin, el primero y el último. Bienaventurados los que lavan sus ropas, para tener derecho al árbol de la vida, y para entrar por las puertas en la ciudad. Mas los perros estarán fuera, y los hechiceros, los fornicarios, los homicidas, los idólatras, y todo aquel que ama y hace mentira [...] Y el Espíritu y la Esposa dicen: Ven. Y el que oye, diga: Ven. Y el que tiene sed, venga; y el que quiera, tome del agua de la vida gratuitamente [...]

El que da testimonio de estas cosas dice: Ciertamente vengo en breve. Amén; sí, ven, Señor Jesús. La gracia de nuestro Señor Jesucristo sea con todos vosotros. Amén.

—APOCALIPSIS 22:12–15, 17, 20–21

Habiendo construido nuestra vida sobre un fundamento firme, somos privilegiados de estar entre los escogidos, quienes, habiendo mantenido limpias nuestras vestiduras, clamamos: "¡Ven, Señor Jesús!". La Iglesia de Jesucristo, la Novia, clama a una voz, antes de que se cierre la cortina del "Fin".

¡Qué terminemos bien y veamos la gloria a los pies de Aquel que nos da la verdadera vida!

Habiendo establecido una casa construida para soportar las muchas tormentas de esta vida, fundada firmemente sobre los fundamentos de la fe por la que Jesús murió para traernos, que terminemos bien.

Cuando mi querida Annie se encontraba en sus últimas horas, yo recosté mi cabeza sobre su corazón y le dije que había terminado bien. "¡Bien hecho como esposa! ¡Bien hecho como mamá! Bien hecho como hermana e hija". Pero sobre todo, bien hecho como princesa del Rey de reyes. Ella terminó bien.

¡Qué todos terminemos bien y lleguemos a la gloria a los pies de Aquel que nos da la verdadera vida! Jesús, el Cordero del sacrificio que fue inmolado es digno. Con los ángeles declaramos: "Santo, Santo, Santo es el Señor Todopoderoso, quien era y es y que vendrá. ¡Qué toda la Tierra sea llena de su gloria!". Amén y amén.

Mi esperanza firme está
en la justicia de Jesús
No confiaré en nada más
Sólo en la gloria de la cruz.

En Cristo está mi Salvación
Segura mi alma está en su amor
Segura mi alma está en su amor.

Aunque tinieblas llegue a ver
su rostro no se ocultará
En sus promesas hallaré
Sostén ante la tempestad.

Su pacto, gracia y sangre son
Cimiento de mi libertad
En mis tristezas y aflicción
Cristo es mi guía, Él es mi paz.

Cuando en el cielo ya esté
sin mancha Él me presentará
Pues su justicia vestiré
Y el Padre me recibirá.[1]

# Notas

### INTRODUCCIÓN: EN JESUCRISTO Y NADA MÁS

1. Las primeras dos líneas de la primera estrofa del himno "Mi esperanza firme está", de Edward Mote (la letra pertenece al dominio público).

### CAPÍTULO 1: EL FUNDAMENTO PARA TODOS LOS CREYENTES

1. Ver Juan 1:1, 14 y Apocalipsis 19:13.
2. Ver Isaías 8:20; Hechos 2:17; 1 Tesalonicenses 5:19–21.
3. Ver Juan 15:4–8; Génesis 1:2; Salmos 33:6; Mateo 24:23–25; 1 Timoteo 4:1–3; 2 Pedro 1:20–21; Salmos 12:6.
4. Del himno "Cuán firme cimiento", letra de John Rippon (la letra pertenece al dominio público).

### CAPÍTULO 2: LA ASOMBROSA PALABRA DE DIOS

1. Ver también Hebreos 5:12–14; Job 23:12; Jeremías 15:16.
2. Del himno "Lord, Thy Word Abideth" [Señor, tu Palabra permanecerá], letra de Henry Williams Baker (la letra pertenece al dominio público).

### CAPÍTULO 3: DIOS EN TRES PERSONAS

1. Del himno "Santo, Santo, Santo", letra de Reginald Heber (la letra pertenece al dominio público).

### CAPÍTULO 4: EL PLAN DE DIOS PARA LA SALVACIÓN

1. Del himno "Christ Is Made the Sure Foundation" [Cristo es el cimiento seguro], autor desconocido, traducción del latín de John Mason Neale (la letra pertenece al dominio público).

### CAPÍTULO 5: EL ARREPENTIMIENTO DE OBRAS MUERTAS

1. Ver Efesios 2:8–9; 2 Timoteo 1:8–9; Tito 3:5.
2. Del himno "Come, Soul, and Find Thy Rest" [Ven alma y encuentra tu descanso] de Johnson Oatman, Jr. (la letra pertenece al dominio público).

### CAPÍTULO 6: LA DEFINICIÓN DE LA GRACIA

1. Del himno "Sublime Gracia" de John Newton (la letra pertenece al dominio público).

## Capítulo 7: Una fe que transforma

1. Derek Prince, *El manual del cristiano lleno del Espíritu, Fundamentos bíblicos para una vida cristiana* (Lake Mary, FL: Creation House, 1993. Publicado en español por Editorial Unilit), 108–110.

2. Ver Romanos 8:24; 2 Corintios 5:7. Ver también Romanos 10:17; 15:4.

3. Ver Efesios 2:12; 1 Tesalonicenses 4:12.

4. Ver Romanos 4:20–21; Isaías 55:11; Números 23:19.

5. 5. Ver también 2 Corintios 4:18; Juan 3:3; Salmos 27:13; Juan 11:40.

6. Ver 1 Tesalonicenses 5:8. Ver también Romanos 10:9–10.

7. Ver Efesios 2:8–9; Tito 3:5.

8. Ver Efesios 2:10; Tito 3:7–8.

9. Del himno "Fe de nuestros padres" de Frederick William Faber (la letra pertenece al dominio público).

## Capítulo 8: Vital: el bautismo en agua

1. El bautismo cristiano en el Nuevo Testamento: Romanos 6:4; Efesios 4:5; 1 Pedro 3:21; en algunos manuscritos, Colosenses 2:12.

2. Ver Marcos 10:38–39; Lucas 12:50; Mateo 20:22–23.

3. Utilizado en Hebreos 6:2; 9:10; Marcos 7:4, 8; y la lectura preferida de Colosenses 2:12.

4. Ver Marcos 16:15; Hechos 8:12, 36–37.

5. Del himno "'Twas the Commission of Our Lord" [Esta fue la comisión de nuestro Señor] de Isaac Watts (la letra pertenece al dominio público).

## Capítulo 9: El glorioso bautismo en el Espíritu Santo

1. Prince, 220–221.

2. Mas el fruto del Espíritu es amor, gozo, paz, paciencia, benignidad, bondad, fe, mansedumbre, templanza; contra tales cosas no hay ley (Gálatas 5:22–23).

3. Del himno "Sopla en mí, aliento de Dios" de Edwin Hatch (la letra pertenece al dominio público).

## Capítulo 10: Con estas manos

1. "Ósculo santo": ver Romanos 16:16; 1 Corintios 16:20; 2 Corintios 13:12 y 1 Tesalonicenses 5:26.

2. Para obtener más información acerca de la liberación, consulte mi libro y la guía de estudio, *Deliverance from Darkness: The Essential Guide to Deafiting Demonic Strongholds and Oppression* [Liberación de las tinieblas, la guía esencial para vencer a las fortalezas demoníacas y la opresión].

3. Del himno "Christ from Whom All Blessings Flow" [Cristo, de donde fluyen todas las bendiciones] de Charles Wesley (la letra pertenece al domino público).

CAPÍTULO 11: LA RESURRECCIÓN DE LOS MUERTOS

1. El Credo de los Apóstoles es una antigua y breve declaración de fe de la Iglesia Cristiana, utilizada con muchas traducciones por diferentes denominaciones.

2. Bert Ghezzi, *Místicos y milagros* (Chicago: Loyola Press, 2002), 132.

3. Ibíd.

4. Scott Holtz, Rivers in the Desert International, "Woman Raised From the Dead" [Una mujer levantada de la muerte], https://www.flashfloods.com/home/supernatural/01-raised-from-dead.htm.

5. "Back from the Dead" [Resucitada de la muerte], *Arise* magazine, 12 de enero de 1998, extraído de un artículo de Richard Riss de http://www.etpv.org/1998/hrs.html.

6. Del himno "Sing With All the Saints in Glory" [Cantad con todos los santos en gloria] de William Josiah Irons (la letra pertenece al dominio público).

CAPÍTULO 12: EL JUICIO ETERNO

1. Del himno "Mi esperanza firme está" de Edward Mote (la letra pertenece al dominio público).

# Sobre el autor

**James W. Goll** es el director de Encounters Network, con sede en Franklin, Tennessee. Está dedicado a cambiar vidas e impartir a las naciones a través de liberar la presencia de Dios mediante el ministerio profético, de intercesión y de compasión. James es también director de Prayer Storm, un ministerio de oración a través de los medios que se transmite las 24 horas todos los días. Es además director de In Alliance, una coalición de amigos y de God Encounters Training –E-School of the Heart. James cuenta con título profesional en trabajo social por parte de la Universidad del Estado de Misuri y un doctorado en ministración práctica del Wagner Leadership Institute.

James, después de pastorear en la región norcentral de los Estados Unidos, fue lanzado al ministerio itinerante alrededor del mundo. Ha viajado por todas partes del continente, llevando una pasión por Cristo dondequiera que va. James desea ver al Cuerpo de Cristo venir a la madurez y convertirse en la casa de oración de todas las naciones. Es autor de numerosos libros y manuales de entrenamiento, así como colaborador de varios periódicos.

James es instructor fundador del Wagner Leadership Insitute y la Christian Leadership University. Es miembro de Harvest International Ministry Apostolic Team y consejero de varios ministerios regionales, nacionales e internacionales. James y Michal Ann Goll estuvieron casados durante más de 32 años, antes de que ella se graduara al cielo en el otoño de 2008. Sus cuatro hijos adultos aman a Jesús. James continúa viviendo en las colinas de Franklin, Tennessee.

# Para obtener más información:

James W. Goll
Encounters Network
P.O. Box 1653
Franklin, TN 37065
Teléfono de despacho: 615–599–5552
Email: info@encountersnetwork.com o
info@prayerstorm.com
Sitios web: www.encountersnetwork.com
www.prayerstorm.com
www.jamesgoll.com
www.compassionacts.com

## Materiales adicionales de James W. Goll y Michal Ann Goll

*El arte perdido de la intercesión*

*God Encounters* [Encuentros con Dios]

*Women on the Front Lines Series* [Serie: Mujeres en la línea de fuego]

*Intercession* [Intercesión]

*Praying for Israel's Destiny* [Cómo orar por el destino de Israel]

*The Coming Israel Awakening* [El despertar de Israel que viene]

*La revolución profética que viene*

*The Call of the Elijah Revolution* [El llamado de la revolución de Elías] (con Lou Engle)

*The Prophetic Intercessor* [El intercesor profético]

*Shifting Shadows of Supernatural Experiences* [Quitando las sombras de las experiencias sobrenaturales] (con Julia Loren)

*El vidente*

*El vidente, diario devocional de 40 días*

*Tormenta de oración*

*Guía de estudio de Tormenta de oración*

*The 365-Day Personal Prayer Guide* [La guía personal de oración de 365 días]

*Empowered Prayer* [Una oración con poder]

*Dream Language* [El lenguaje de los sueños]

*Encuentros angelicales*

*Discovering the Seer in You* [Descubra al vidente en usted]

*Exploring the Nature and Gift of Dreams* [Descubra la naturaleza y el don de los sueños]

*Empowered Women* [Mujeres con poder]

*God's Supernatural Power in You* [El poder sobrenatural de

Dios en usted] (colaborador)
*Adventures in the Prophetic* [Aventuras en lo profético]
(colaborador)
*The Beginner's Guide to Signs, Wonders and the
Supernatural Life* [La guía básica para las señales, los
prodigios y una vida sobrenatural]
*The Reformer's Pledge* [El juramento del reformador]
*Deliverance from Darkness* [Liberación de las tinieblas]
*Deliverance from Darkness Study Guide* [Guía de estudio
de Liberación de las tinieblas]
*The Lost Art of True Worship* [El arte perdido de la
verdadera adoración]
Más de veinte guías de estudio
CD, MP3 y DVD